Ingrid Biermann

schlauzwerge
singen
klatschen
tanzen

Musikalische Förderung in der Krippe

Mit Illustrationen von Antje Bohnstedt

FREIBURG · BASEL · WIEN

Erläuterung der Symbole:

- +2 Altersangabe in Jahren
- Spielort drinnen
- Spielort draußen
- Einzelbeschäftigung
- Kleingruppe (2–3 Kinder)
- Großgruppe ab 4 Kinder

Im Interesse der besseren Lesbarkeit und weil Frauen in frühpädagogischen Berufen prozentual stärker vertreten sind als Männer, wird in diesem Buch stets die Leserin angesprochen und auch meist die weibliche Form verwendet, wenn von pädagogischen Fachkräften die Rede ist. Selbstverständlich sind damit aber immer Leser und Leserinnen bzw. männliche und weibliche Fachkräfte gleichermaßen gemeint.

Neuausgabe 2018

©Verlag Herder GmbH, Freiburg im Breisgau 2013
Alle Rechte vorbehalten
www.herder.de

Umschlaggestaltung: SchwarzwaldMädel, Simonswald
Illustrationen außen und innen: Antje Bohnstedt, Bretten-Sprantal

Satz und Gestaltung: Arnold & Domnick, Leipzig
Herstellung: Graspo CZ, Zlín
Printed in the Czech Republic

ISBN 978-3-451-37774-7

Inhalt

Einleitung
Musik-Räume für die Jüngsten 6
Musikalische Entwicklung in den ersten drei Lebensjahren 10
Tipps für mehr Musik im Alltag mit Kindern 12

Wo, wann und wie?
Raum-, Zeit- und Krafterfahrung 13

Die Klangwerkstatt
Von klingenden Handschuhen und rasselnden Flaschen 19

Den „Klang-Körper" entdecken
Geräuschspiele, Spiel- und Mitmachgeschichten 24

Finger-, Fuß- und Bewegungsspiele
Klatschen, Stampfen und Tanzen 36

„Mach mit – sing mit!"
Mitmachlieder und Sing-Sang-Geschichten........................... 51

Musikalische Projekte
Klangstab-, Rassel- und Trommelspaß 70

Einleitung

MUSIK-RÄUME FÜR DIE JÜNGSTEN

Raumgestaltung

Geräusche, Töne und Klänge suchen heißt, sich mit unterschiedlichsten Dingen, Materialien und auch Instrumenten aus der Umgebung auseinanderzusetzen. Geräusche, Töne und Klänge entdecken heißt, sich auf den Weg machen und suchen, still sein um zu lauschen, zu hören und wahrzunehmen. Dabei entdeckt das Kind für sich immer neue Musikräume.
Gerade in der Kita gibt es viele interessante Räume, in denen es knistert, knackt, summt oder surrt. In jedem Raum des Hauses bieten sich dem Kind neue Möglichkeiten, interessante Töne, Klänge und Geräusche zu entdecken. In der Küche mit den Topfdeckeln zu klappern, im Waschraum mit Wasser zu gurgeln, auf der Wiese Steine oder Stöckchen aneinander zu schlagen oder in der Kreativecke mit Papier zu knistern, macht nicht nur Spaß, sondern fordert das Kind auch auf, sich mit lauten und leisen, hellen und dunklen, langsamen und schnellen Tönen und Geräuschen auseinanderzusetzen. Überall klappert, raschelt, knackt, knistert, klingt, zwitschert, saust oder braust es. Die Welt der Geräusche, Töne und Klänge ist vielfältig und lädt das Kind ein, eigenständig zu experimentieren und somit erste musikalische Erfahrungen zu sammeln.
Für diese musikalischen Erfahrungen benötigt das Kind keinen besonders vorbereiteten Raum. Geräusch- und Klangmaterial ist drinnen und draußen in ausreichendem Umfang vorhanden. Aber gerade auf Krippenkinder wirkt ein speziell vorbereiteter Raum, in dem sie mit der Erzieherin in die Welt der Töne und Klänge eintauchen können, sehr einladend.

Dafür eignet sich die Einrichtung einer Musikwerkstatt. Dort stehen den Kindern in offenen Regalen Materialien zur Verfügung, wie z. B. Blechdosen und Eimer, getrocknete Äste, aber auch die ersten Orff-Instrumente, wie Rasseln, Schellenbänder oder Trommeln. Hocker, Teppichfliesen und Kissen laden zum Musikkreis ein, in dem gemeinsam gesungen, getanzt, gemalt und musiziert wird. Auch Spiegel sollten in der Werkstatt vorhanden sein, denn mit deren Hilfe kann das Kind sich beim Singen, Tanzen und Musik machen beobachten. Die Spiegelwände motivieren zum Mitmachen.

Bestimmte technische Mittel, wie CD-Player, CDs mit unterschiedlichen Musikstücken und ein Aufnahmegerät, gehören auch zum Arbeitsmaterial einer Musikwerkstatt und sollten vorhanden sein.
Da das Musikmachen auch darstellende und kreative Elemente umfasst, gehören auch bunte Chiffontücher, Luftballons, große Tücher, Fingerfarben, unterschiedliche Pinsel und viel Tapetenpapier in diesen Raum. Erst sie machen die musikalische Arbeit komplett.
Dokumentiert werden sollten diese ersten musikalischen Erfahrungen mit einem Fotoapparat und einer Kamera. So können die Kinder ihre musikalischen Erfolge sehen und hören und die Eltern sich von der Freude ihrer Kinder zur Musik anstecken lassen.

Materialien

Das Material für die ersten musikalischen Erlebnisse besteht überwiegend aus Dingen, die das Kind im Alltag findet. Das Angebot des Orff-Instrumentariums beschränkt sich auf wenige ausgewählte Instrumente. Die Kinder benötigen musikalische Hilfsmittel, mit denen sie laute und leise Erfahrungen machen können, dunkle und helle Töne unterscheiden lernen und solche, die mit weniger und auch mehr Kraftdosierung zu handhaben sind. Diese sollten in offenen Regalen und ansprechenden Körben aus Naturmaterialien dem Einzelnen aber auch einer größeren Gruppe zum freien Experimentieren zur Verfügung stehen. Hier ein Überblick:

Vorschlag für die Grundausstattung

Alltagsmaterialien
- Knisterpapier / Brotpapier
- Plastikflaschen
- Knöpfe, Futtererbsen, Büroklammern, Vogelfutter usw.
- Stöcke und Äste
- Blech- und Plastikeimer / Becher
- Luftballons
- Holzklötze
- Kochlöffel, Kaffeelöffel, Suppenlöffel
- Joghurtbecher
- Schneebesen
- Töpfe / Schüsseln
- Dosen
- Grillzangen aus Holz
- Plastikkugeln
- Knistertüten
- Schlüsselbunde
- Back-Kastenformen
- Spülschwämme
- Tennisbälle
- Gartenschläuche

Instrumente
- Rassel
- Trommel / Handtrommel
- Klanghölzer
- Schellen / Schellenkranz
- Triangel
- Regenmacher
- Glocken, Glockenspiel
- kleine Becken

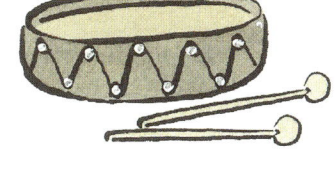

Medien
- CD-Spieler
- Musik-CDs (Klassik, Marsch- und Entspannungsmusik)
- Kamera
- Fotoapparat

Zubehör
- Chiffontücher
- Hocker, Sitzkissen, Teppichfliesen
- Wandspiegel
- hautverträgliche Schminke
- Verkleidungsstücke wie z. B. Hüte, Schals, Kopftücher usw.
- Kuscheltiere
- Symbolkarten für langsam, schnell, laut, leise, hell, dunkel
- Zauberstab
- großes Papier
- Tesakrepp
- Fingerfarben
- Rasierschaum
- unterschiedliche Pinsel
- Spülbürsten
- Tapetenrollen

MUSIKALISCHE ENTWICKLUNG IN DEN ERSTEN DREI LEBENSJAHREN

Die Lebenswelt, in der sich Kinder täglich bewegen, ist voller Töne, Geräusche und Klänge. Sie zu entdecken ist für die Kleinen aufregend und interessant. Schon im Mutterleib ist im siebten Schwangerschaftsmonat der akustische Sinn so weit ausgereift, dass das Kind auf Reize reagiert. Musikalische Impulse regen den Bewegungsdrang an und signalisieren der Mutter schon Vorlieben oder Abneigungen für musikalische Reize.

Im ersten Lebensjahr
Ein Säugling reagiert in der Regel auf das Summen seiner Mutter oder einer anderen ihm bekannten Person. Eine einfache Melodie ist ihm schnell vertraut. Durch Mimik, Gestik und eigene stimmliche Signale macht er seiner Umgebung deutlich, ob ihm Töne, Harmonien oder ein bestimmter Rhythmus gefallen oder missfallen. Er lacht oder weint und bestimmt so mit, ob diese akustischen Einflüsse anhalten oder abgestellt werden sollen. Während zu Beginn besonders tiefere Töne wahrgenommen werden, hören Säuglinge mit einem halben Jahr bereits höhere Töne besser. Je nach Tagesform können Töne, Klänge und Geräusche auf ein kleines Kind beruhigend oder anregend wirken. Sie fordern zum Lauschen auf und helfen ihm so, sein Umfeld zu entdecken.

Kurze rhythmische Sprechverse, Kniereiter oder Klatschrhythmen leisten schon früh einen wichtigen Beitrag zur Förderung der Kommunikation, d.h. sie tragen zur Sprachentwicklung bei. Im Alter von einem halben Jahr bemüht sich das Kind, einfache Laute und den Tonfall seiner Bezugspersonen nachzuahmen. Dabei wird es zunehmend fähig, einzelne akustische Signale von einem Geräuschhintergrund abzugrenzen, wenn diese Signale eine Bedeutung für das Kind haben. Summen, Brabbeln, Lallen oder Prusten sind die „Körpermusik", über die ein Kind mit einem Erwachsenen in Kontakt tritt. Daher sind die ersten Lieder auch solche, in denen diese stimmlichen Mittel eine hervorgehobene Rolle spielen. Noch bevor ein Kind laufen kann, wiegt es sich rhythmisch im Takt der Musik. Dazu setzt es Arme und Beine ein, um im Rhythmus der

Melodie zu zappeln. Diese Bewegungen bereiten dem Kind große Freude und bringen es in eine körperlich-seelische Balance, die dafür sorgt, dass es ihm gut geht. Musikalische Reize durch Töne und Klänge fordern so immer wieder zum Mitmachen auf.

Sobald das Kind krabbeln kann, beginnt es seine Umgebung zu untersuchen. Es macht sich auf den Weg und stößt dabei auf viele unbekannte Geräusche und Töne. Es sucht die Quellen von Stimmen, Geräuschen, Klängen und ordnet sie Personen oder Handlungen zu. So erkundet es seine Umgebung. Durch Mimik, Gestik und Lautäußerungen zeigt es jedem aufmerksamen Erwachsenen, wie es sich in diesem „Geräuschebad" fühlt. Fühlt sich das Kind in seiner Umgebung wohl, so nimmt es sich Klangwerkzeuge wie Suppenlöffel oder Holzstöckchen, um selbst Geräusche auf dem Boden, auf dem Hocker oder auf dem Tisch zu erzeugen. Kinder in diesem Alter achten bei diesen Spielphasen noch nicht auf Takt oder Rhythmus, sondern zeigen sich besonders von dem Phänomen des von ihnen erzeugten Geräuschs fasziniert.

Im zweiten und dritten Lebensjahr

Mit dem Heranwachsen des Kindes wächst auch das Musikverständnis. Ab dem zweiten Lebensjahr beginnt das Kind, einfachste Melodiefolgen zu reproduzieren. Es hört jetzt immer aufmerksamer einem rhythmischen Vers oder einer Melodie zu und versucht mitzusingen. Intuitiv klatscht es mit und spürt, wie der Rhythmus seinen Körper zum Mitmachen auffordert. Hat es laufen gelernt, unternimmt das Kleinkind schon bald die ersten Tanzversuche: Es hüpft, springt und dreht sich mit oder ohne Musik. Es kann nun nicht mehr stillstehen oder gar still sitzen. Es muss sich bewegen. Ein aufmerksamer Erwachsener sollte diesen Tanz des Kindes nicht unterbrechen, abbrechen oder korrigieren und in seine Kreativität nicht eingreifen. Kinder, die ihre Bewegung gut kontrollieren können, sind zugleich die, die später besonders gut Rhythmen wiedergeben und Töne nachsingen können.

Mit dem dritten Lebensjahr beginnt das Kind, gezielt auf Musik zu hören und lernt, mit anderen Kindern zu singen, zu spielen und zu tanzen.

TIPPS FÜR MEHR MUSIK IM ALLTAG MIT KINDERN

Musikalische Impulse unterstützen Kinder in ihrer Persönlichkeitsentwicklung. Die Auseinandersetzung mit musikalischen Elementen regt die kindliche Fantasie dazu an, Gehörtes und Gesehenes in Rhythmus, Sprache, Bewegung, Kreativität, kurz gesagt: in Musik, umzusetzen.

Bewegung macht Musik lebendig, begreifbar und spürbar. Über die Bewegung erlebt das Kind Rhythmus, Dynamik und Tempo. Da das Bewegungsbedürfnis durch die Musik von allein angeregt wird, stehen selbst die Kinder, die sonst eher bequem sind, auf und machen mit. Mithilfe der Bewegung lernt das Kind schnell Text und Melodie und kann zu gegebener Zeit wieder darauf zurückgreifen.

> Gerade die Kleinsten mögen es sehr, wenn eine Symbolfigur sie bei den Spielen begleitet. Sie können z. B. den Zauberer Musikus (eine Handpuppe aus dem Kasperltheater) oder die Musimaus (ein Kuscheltier) in die Musikangebote einbeziehen. Die Kinder nehmen diese dann viel leichter an.

In der Welt der Musik gibt es viele Möglichkeiten, die Sinne einzusetzen, Neues zu erproben, Neugierde und Experimentierfreude zu wecken.

Gerade die Jüngsten lassen sich leicht begeistern und sind offen für Dinge, die mit Rhythmus und Dynamik zu tun haben. Ein auf ihr Alter und ihre Bedürfnisse aufgebautes Angebot kann die Begeisterung für Musik wachsen lassen und spielerisch die Basis für spätere musikalische Interessen bilden.

Dieses Buch liefert eine Vielfalt an musikalischen Impulsen, mit denen Sie, liebe Erzieherin, Krippenkindern die Tür zur Ton- und Klangwelt öffnen und ihre Freude an der Musik wecken können. Zur besseren Orientierung der Kinder sollten Sie immer aktiv mitmachen. Wenn es die Gruppensituation erfordert, können bei allen Angeboten Aufgabenstellungen vereinfacht und Texte gekürzt werden. Bei Mitmach- und Klanggeschichten sollten die Kinder immer zunächst nur den Text hören und erst bei der Wiederholung mitmachen.

Alle Impulse können das einzelne Kind, aber auch eine kleine Gruppe begeistern und lassen sich ohne viel Aufwand in den Alltag einbauen.

Wo, wann und wie?

RAUM-, ZEIT- UND KRAFTERFAHRUNG

Die Fähigkeit, Töne und Geräusche wahrzunehmen, darauf zu reagieren, eigene Ideen zu entwickeln und mit anderen durch Bewegungs- und Geräuschspiele in Kommunikation zu treten, gehören zu den Basiserfahrungen, die für das Erleben von Takt, Rhythmus und Melodie notwendig sind. Durch gezielte Impulse können schon die Kleinsten spielerisch und mit viel Freude auf ihren musikalischen Weg vorbereitet werden.

Trippeln, schleichen, laufen

Material: mehrere Tierkartenpaare mit bekannten Tierbildern von einem Memoryspiel (z. B. Katze, Hund, Maus, Vogel, Kuh), 1 Rassel, pro Kind 1 Hocker
Für die Variationen: Tesakrepp, Tamburin

Die Bildkarten liegen mit dem Motiv nach unten in der Kreismitte. Sie nehmen eine Karte auf und nennen den Namen des jeweils abgebildeten Tieres (z. B. Katze). Die Kinder stellen die Geräusche und Bewegungen des Tieres vor und bewegen sich entsprechend durch den Raum. Ertönt die Rassel, gehen die Kinder auf ihren Platz zurück.

Variation 1: Mit Tesakrepp werden Raumwege gekennzeichnet, über die die Kinder entsprechend der Tierkarte trippeln, schleichen oder laufen.

Variation 2: Sie stellen das Tier auf der Karte durch das Geräusch und die Gangart vor. Die Kinder raten und bewegen sich dann wie das geratene Tier, während Sie den Takt auf dem Tamburin vorgeben, durch den Raum.

> **Raumerfahrung**
> Durch variable Bewegungsanweisungen im Vers, Reim oder Liedtext gehen die Kinder mal wie ein Riese oder ein Zwerg durch den ganzen Raum, machen große oder kleine Schritte, gehen mal vorwärts und vielleicht auch schon rückwärts, gehen auf Zehenspitzen oder in der Hocke, hüpfen und springen auf der Stelle oder durch den Raum. Diese Bewegungserfahrungen sind Raumerfahrungen, die in der späteren musikalischen Früherziehung dem Kind ein Verständnis für enge und weite Tonabstände (Intervalle) geben.

Mal hierhin und mal dorthin

Material: Tesakrepp, Seile, Teppichfliesen, Zeitungspapier, pro Kind 1 Hocker
Für die Variationen: CD-Spieler, klassische Musik, Tennisbälle

Die Hocker werden im Raum verteilt und die Kinder setzen sich darauf. Dann werden sie eingeladen, nach dem Vers durch den Raum zu gehen.

Mal hierhin und mal dorthin,
laufe ich geschwind,
ich lauf in alle Ecken,
wie ein Wirbelwind.
Ich drehe mich im Kreise,
geh langsam und mal schnell,
ich bleibe auch mal stehen
und gehe auf der Stell'.
Und bin ich müd', dann geh ich
ganz langsam nun nach Haus
und ruhe mich dort lange,
bis zum Morgen aus.

Variation 1: Die Kinder gehen barfuß über die Wege, die mit Teppichfliesen, Seilen, Papier und Tesakrepp gelegt werden.
Variation 2: Die Kinder gehen mit einem Tennisball in der Hand über die Wege.
Variation 3: Die Kinder gehen nach Ihrer Anweisung vor, zurück, mit großen oder kleinen Schritten, im Kreis usw. durch den Raum und über die Wege.
Variation 4: Die Kinder gehen nach klassischer Musik über die Wege. Hört die Musik auf, setzen sie sich auf den Hocker. Ertönt die Musik wieder, bewegen sie sich weiter.

Die musikalische Kreisstraße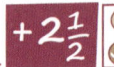

Material: Schuh, roter Tonkarton, Stift, Schere, pro Kind 1 Rassel
Für die Variationen: blauer Tonkarton, Klangstäbe

Vorbereitung: Stellen Sie einen Schuh auf den Karton, zeichnen Sie seine Kontur nach und schneiden sie diese aus. Insgesamt benötigen Sie für das Spiel ca. 10 solcher Abdrücke.

Jedes Kind bekommt eine Rassel. Mit den roten „Schuhabdrücken" aus Karton legen Sie einen Kreis. Sie gehen nun über diesen Kreis und die Kinder rasseln dazu. Gehen Sie in die Kreismitte, dann machen die Kinder mit ihrer Rassel eine Spielpause. Laufen Sie weiter auf dem Kreis, dann spielen die Kinder wieder mit der Rassel dazu.

Variation 1: Es wird ein Kreis mit andersfarbigen z. B. blauen „Schuhabdrücken" gelegt und ein neues Instrument wird dazugenommen, z. B. die Klangstäbe. Die Kinder werden wieder eingeladen die Stäbe zu schlagen, wenn Sie über den Kreis gehen. Gehen Sie in die Kreismitte, so machen die Kinder eine Spielpause.

Variation 2: Mit den roten und den blauen „Schuhabdrücken" werden zwei unterschiedlich farbige Kreise gelegt. Ein Teil der Kinder bekommt die Rassel, ein Teil die Klangstäbe. Gehen Sie auf dem roten Kreis, spielen die Kinder mit den Rasseln. Verlassen Sie den Kreis, machen die Kinder eine Spielpause. Gehen Sie auf dem blauen Kreis, dann spielen die Kinder mit den Klangstäben. Verlassen Sie den Kreis, so machen die Kinder eine Pause. So können Sie beliebig zwischen den Kreisen wechseln und die Kinder setzen entsprechend ihr Instrument ein.

Variation 3: Sie variieren die Ganggeschwindigkeit d. h. gehen Sie ganz langsam über den Fußweg, dann spielen die Kinder ganz langsam. Gehen Sie schnell, dann spielen sie schnell.

Mal hoch und mal tief

Material: Handtrommel, Schlägel, mehrere Teppichfliesen und Balancierbänke

Mit den Teppichfliesen und den Bänken wird jeweils ein Weg gelegt. Sie schlagen den Schlägel an die Kante der Handtrommel, und die Kinder gehen über den Fliesenweg. Schlagen sie auf das Trommelfell, dann gehen die Kinder über die Bänke.
Variation: Sie spielen beide Spielweisen im Wechsel und die Kinder gehen jeweils auf dem dazugehörigen Weg. Zur besseren Orientierung können Sie den Kindern über die unterschiedlichen Wege vorausgehen.

Der Trommelmarsch

Material: Trommel
Für die Variationen: CD-Spieler, Marschmusik

Die Kinder werden eingeladen, gemeinsam nach Trommelmusik zu marschieren. Solange die Trommel zu hören ist, marschieren die Kinder. Macht die Trommel eine Pause, bleiben die Kinder stehen. Spielt sie, dann marschieren die Kinder weiter.
Variation 1: Die Kinder laufen nach dem Trommelrhythmus langsam oder schnell. Immer wieder werden Pausen eingelegt, in denen die Kinder stehen bleiben.
Variation 2: Die Kinder bewegen sich nach einer Marschmusik von der CD. Auch hier werden Musik- und Bewegungspausen eingelegt.

> **Krafterfahrung**
> Kinder brauchen Bewegungsimpulse, um ihren Körper in An- und Entspannung zu erleben, also ihre Kraft dosieren zu lernen. Sie erfahren leise und laut, langsam und schnell oder leicht und schwer mit Hilfe von Stimm- und Körpereinsatz. Diese spielerischen Erfahrungen sind die Grundlage, um später die verschiedenen Spielweisen eines Instruments, die Betonung bzw. die Taktart zu erkennen.

Das Laut- und Leisekonzert

Material: kleine Auswahl an Orff-Instrumenten und Materialien (z. B. Brotpapier, Steine, Kochlöffel usw.)

Alle Kinder bekommen zunächst eine Rassel. Sie sind der Dirigent. Mit den Händen bestimmen Sie die Spielweise. Halten Sie die Hände nur ein wenig auseinander, dann spielen die Kinder leise mit dem Instrument oder dem Geräuschmaterial. Halten Sie die Hände weit auseinander, dann spielen die Kinder laut. Diese Spielweise wird mit allen Instrumenten und Geräuschmaterialien durchgeführt.

Variation 1: Die Kinder suchen sich ein Instrument oder ein Geräuschmaterial aus. Sie stellen sich vor jedes Kind und geben ein Handzeichen, das Kind spielt entsprechend.

Variation 2: Es kommt ein drittes Zeichen hinzu: Legen Sie ihre Hände aneinander, dann wird eine Spielpause gemacht. Nun kann dieses Spiel nach Belieben gestaltet werden.

Die Klangwerkstatt

VON KLINGENDEN HANDSCHUHEN UND RASSELNDEN DOSEN

Diese Klangwerkzeuge unterstützen die musikalische Arbeit, indem sie die akustische Wahrnehmungsfähigkeit des Kindes anregen, seine Bewegungs- und Singfreude aktivieren, sein Gefühl für Rhythmus und Tempo und seine Aufmerksamkeit schulen. Sie können auch zur Begleitung von Liedern, Reimen und Versen eingesetzt werden.

Klangbälle

Material: Luftballons in allen Farben, Formen und Größen, kleine Glöckchen, Erbsen, Reis, Knöpfe

Vorbereitung: Füllen Sie die unterschiedlichen Materialien in verschiedene Ballons, pusten Sie diese jeweils etwa zur Hälfte auf und knoten sie diese am Ende fest zu.

Diese klingenden Ballons laden zum Mitmachen ein. Durch z. B. Schütteln, Werfen und Rollen entstehen Geräusche, die zum Springen, Krabbeln, Hüpfen und Tanzen einladen. Die gefüllten Ballons können als Rasseln eingesetzt werden, denn man kann sie am Knoten gut halten und schütteln.

Hinweis: Übergroße Ballons können auch gut mit Glöckchen gefüllt werden. Diese können Sie sehr gut zur Entspannung einsetzen, indem das Kleinkind entweder bäuchlings auf den Ballons liegt und Sie es langsam hin- und herrollen. Oder das Kind liegt bäuchlings auf dem Boden und Sie rollen den Ballon sanft über seinen Rücken..

> ### Das gehört nicht in den Mund!
> Alle aufgeführten Materialien, wie Luftballons, Erbsen, Glöckchen, Knöpfe usw. gehören nicht in den Mund. Die Gefahr, Kleinteile zu verschlucken, ist besonders im Krippenalter sehr hoch. Wenn Sie folgende Angebote in einer kleinen Gruppe anbieten, ist es ratsam, die einzelnen Klangkörper alleine vorzubereiten. Wenn sie in einer Einzelbeschäftigung angefertigt werden, kann das Kind unter Aufsicht das Befüllen übernehmen.

Klangstrümpfe

Material: Kinderkniestrümpfe, Glöckchen, Nähzeug

Vorbereitung: Nähen Sie an die Kniestrümpfe mehrere Glöckchen.

Ziehen Sie dem Kind die Glockenkniestrümpfe an. Nun können die Kinder hüpfen, laufen und stampfen und erzeugen dabei immer interessante Glockenmusik. Wenn Sie sich selbst einen Glockenstrumpf anfertigen, können Sie die Kinder in ihrer Ausdruckskraft unterstützen und als Vorbild neue Impulse geben.

Klanghandschuhe

Material: Strickhandschuh, unterschiedlich große Glöckchen, Nähzeug
Für die Variationen: weiches Füllmaterial, Waschhandschuhe

Vorbereitung: An die Spitze der einzelnen Finger wird je ein Glöckchen genäht.

Ziehen Sie selbst den Handschuh an und bewegen ihre Finger abwechselnd. Eine Glockenmusik entsteht, die die Konzentration des Kindes auf das, was es hört und sieht, lenkt. Um abwechslungsreiche Klänge zu erzeugen, nähen Sie unterschiedlich große Glöckchen an den Handschuh.
Variation 1: Ein Handschuh wird mit dem Füllmaterial gefüllt und zugenäht. Dann werden rundum Glöckchen aufgenäht. Mit diesem Klanghandschuh können die Kinder spielen und sich an den Klängen erfreuen.
Variation 2: Füllen Sie in die Waschhandschuhe Füllmaterialien ein und nähen Sie sie dann so zu, dass große und kleine Kissen entstehen. Nähen Sie nun auf diese Kissen mehrere Glöckchen in unterschiedlichen Abständen. So entstehen Klangkissen, die zum Experimentieren anregen.

Klingende Dosen

Material: Dosen in allen Formen und Größen (z. B. Cremedöschen, runde und längliche Röhren von Brausetabletten, Kaffeedosen usw.), Erbsen, Holzperlen, Knöpfe, Bohnen usw.

Vorbereitung: Füllen Sie die Dosen mit den Materialien und verschließen Sie sie so, dass sie von Kindern nicht geöffnet werden können.

Nun kann das Kind spielend in die Welt der Klänge eintauchen und seiner Fantasie dabei freien Lauf lassen. Um dabei nicht nur den Hörsinn, sondern auch den visuellen Sinn anzuregen, verwenden Sie durchsichtige Dosen und farbenfrohes Material, wie z. B. rote Linsen, grüne Bohnen, weiße Bohnen (statt Bohnen können sie auch farbige Perlen verwenden).
Variation: Füllen Sie immer zwei blickdichte Behältnisse mit dem gleichen Klangmaterial und bieten Sie den Kindern 5–10 dieser Dosenpaare als „Hör-Memory" zum Spielen an.

Klingende Löffel

Material: Holzlöffel, breites Gummiband, Glöckchen, Nähzeug

Vorbereitung: Nähen Sie auf ein kurzes Stück Gummiband ein Glöckchen. Dieses Gummiband wird zusammengenäht und als Glöckchenband auf den Löffelstiel gezogen.

Die Löffel können durch Schütteln zum Klingen gebracht werden. Je mehr Glöckchenbänder auf den Stiel gezogen werden, umso interessanter ist der Klang. Wenn jedes Kind zwei Holzlöffel mit Glocken bekommt, können diese auch als Klanghölzer verwendet werden.

Glockenbänder

Material: Kinderstirnbänder, Haargummis in unterschiedlichen Größen, Glöckchen, Nähzeug
Für die Variation: klassische Musik, Marschmusik, CD-Player

Vorbereitung: Nähen Sie mehrere Glöckchen an die Stirn- und Haarbänder.

Die Bänder werden von den Kindern um Beine, Füße, Arme, Finger und Kopf getragen, so dass bei jeder Bewegung Glockenklänge entstehen.
Variation: Lassen Sie die Kinder zu einer von Ihnen ausgewählten Musik mit den Glockenbändern tanzen.

Trommeln

Material: Kaffee- oder Keksdosen, kleine Blumentöpfe aus Ton, leere runde Waschmitteltonnen, große Luftballons, Tesakrepp

Vorbereitung: Das Mundstück wird vom Luftballon abgeschnitten. Ziehen Sie den Rest des Ballons über eine Keksdose, einen Blumentopf oder eine Kaffeedose und befestigen Sie ihn mit Tesakrepp.

Die Kinder können nun mit Holzlöffeln oder mit der Hand leicht diese Trommeln schlagen. Sie können die unterschiedlichsten Trommeln zusammenstellen und Musik machen.
Variation: Der Luftballon wird leicht angezupft, so entsteht ein neues interessantes Geräusch.

 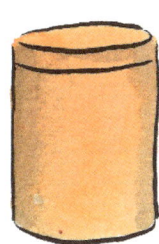

Den „Klang-Körper" entdecken

GERÄUSCHSPIELE, SPIEL- UND MITMACHGESCHICHTEN

Im Alltag eines Kindes gibt es genügend Gelegenheiten, um mit der Stimme Töne und Geräusche zu erzeugen. Klatschen und Stampfen gehören auch zur Körpermusik. Sie unterstützen das Rhythmus- und Taktgefühl und das Kind hat Freude an der rhythmischen Begleitung seines Gesangs.

Das Auto, es macht brumm, brumm, brumm

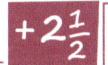

Material: 2 Pappkreise in den Farben grün und rot, pro Kind 1 Spielzeugauto, Stoffbeutel
Für die Variation: Tesakrepp

Holen Sie aus dem Stoffbeutel ein Auto. Sprechen Sie mit den Kindern über dessen Eigenschaften, danach bekommt jedes Kind ein Spielzeugauto, mit dem gespielt werden kann. Es entstehen nun unterschiedliche Geräusche, die die Kinder beim Spiel mit dem Auto erzeugen. Nach einer kurzen Experimentierphase zeigen Sie den Kindern die zwei Pappkreise und erklären, dass bei Rot alle Autos stehen bleiben und sie bei Grün wieder fahren dürfen. Die Kinder probieren dies mit den Spielzeugautos aus. Laden Sie danach die Kinder ein, selbst Autos zu sein. Sprechen Sie den folgenden Vers und alle Kinder fahren dazu als Autos durch den Raum. Das Tempo schnell und langsam wird mithilfe des Verses variiert.

Das Auto, es macht brumm, brumm, brumm	
und saust um viele Ecken rum.	
Das rote Schild heißt stopp,	*Den roten Kreis zeigen.*
bei Grün fährt's im Galopp.	*Den grünen Kreis zeigen.*
Weiter saust es mit Gebrumm,	
schnell (langsam) um viele Ecken rum.	

Variation 1: Mit Tesakrepp werden im ganzen Raum Straßen auf den Boden geklebt und die Kinder fahren als Auto auf den Straßen entlang. Die Geschwindigkeiten und Richtungen werden von dem Text vorgegeben.
Variation 2: Dieses Spiel kann auch im Außengelände mit Rutsch- oder Tretautos sowie Drei- oder Laufrädern gespielt werden.

Das Flugzeug

Material: roter und grüner Pappkreis, Tesakrepp, große Decke, Spielflugzeug, Stoffbeutel
Für die Variation: Tesakrepp

Vorbereitung: Die Decke wird in einer Raumecke ausgebreitet.

Holen Sie das Spielflugzeug aus dem Stoffbeutel. Nachdem die Kinder es sich angesehen und sich darüber ausgetauscht haben, können sie selbst als Flugzeuge durch den Raum fliegen. Beim grünen Signal fliegen sie mit Fluggeräuschen durch den ganzen Raum und landen dann beim roten Signal auf der Decke (Flughafen). Sprechen Sie nun die erste Strophe. Alle Kinder können entsprechend dem Text starten, laut oder leise fliegen und wenn die Erzieherin die zweite Strophe liest, wieder auf der Decke landen. Der Spielvers kann mehrmals wiederholt werden.

Das Flugzeug, es fliegt groß und schwer,
durch die Lüfte laut (leis') daher.

Es landet und es steht jetzt still,
bis es wieder fliegen will.

Variation 1: Mit Tesakrepp werden Streifen auf den Boden geklebt. Diese symbolisieren die Landebahnen. Jedes Kind stellt sich auf eine eigene Landebahn. Nun wird die erste Strophe gesprochen und die Kinder fliegen laut oder leise durch den Raum. Wenn Sie die zweite Strophe sprechen, landen die Kinder wieder auf ihrer Bahn.
Variation 2: Das Spiel kann auch im Außengelände gespielt werden, hierzu wird vorab ein gemeinsamer Flughafen bestimmt.

Schnickschnack, ich bin der Zaubermann

+2

Material: Zauberstab, grüne Decke

Die Kinder sitzen auf der Decke. Sie zeigen ihnen den Zauberstab und erzählen, dass das der Zauberstab vom Zauberer Schnickschnack ist. Mit seiner Hilfe verzaubern Sie die Kinder gleich in Tiere. Gehen Sie nun im Kreis herum und sprechen Sie mit Tempo, Dynamik und dem Einsatz von Pausen den folgenden Vers. Die Kinder bewegen sich dem Text entsprechend durch den Raum.

Schnickschnack, ich bin der Zaubermann,
ich zeig' dir heute, was ich kann.
Schnickschnack, das Zaubern ist nicht schwer,
ihr seid nun Vögel – *Sich als Vögel durch den Raum*
fliegt schnell (langsam) daher. *bewegen.*
Schnickschnack, der Zauber ist nun aus,
die Vögel fliegen nun nach Haus. *Sich auf die Decke setzen.*

Variation: Die Kinder können in Hunde, Katzen, Kühe usw. verwandelt werden.

> **Spielgeschichten mit „Körpermusik"**
> Durch kleine Spielgeschichten können Sie das natürliche Bedürfnis des Kindes unterstützen, Geräusche und Bewegungen miteinander zu verbinden. Mit der Stimme etwas hörbar zu machen, mit ihr zu experimentieren und einen gesprochenen Text umzusetzen, schult die auditive Wahrnehmung und verbessert die Fähigkeit, auf bestimmte Wortsignale zu reagieren. Besonders beliebt ist das Imitieren der Tierstimmen. Einen Hund, eine Katze oder einen Vogel zu spielen, trainiert die Artikulation und kräftigt die Mundmuskulatur. Dies alles sind in der musikalischen Früherziehung wichtige Grundlagen für weitere Lernerfolge.

Ein schöner Tag

Material: grüne Decke, 4 unterschiedliche einfarbige Tücher
Für Variation 2: Orff-Instrumente, 5 beliebige Instrumente oder Alltagsgegenstände

Die Kinder sitzen auf der grünen Decke (Wiese/Wohnung). Sie erzählen die Geschichte und die Kinder ahmen zunächst die Bewegungen und Geräusche der Tiere nach. Anschließend verteilen Sie die Tücher im Raum. Diese symbolisieren die Häuser der Tiere. Danach erzählen Sie die Geschichte erneut und bewegen sich gemeinsam mit den Kindern passend zum Text.

> Es ist ein schöner Tag und Menschen und Tiere freuen sich gemeinsam darüber, dass die Sonne scheint. Die **Vögel** fliegen und zwitschern ein Sommerlied. Die **Bienen** summen, die **Hunde** bellen, die **Katzen** miauen. Die **Menschen** liegen auf der Wiese und ruhen sich aus. Wenn es dunkel wird, fliegen die **Vögel** in ihr Nest, die **Bienen** in ihr Bienenhaus, die **Hunde** laufen in ihre Hundehütte, die **Katzen** in ihr Katzenhaus und die **Menschen** gehen in ihre Wohnungen. Ein schöner Sommertag geht zu Ende und es ist ganz still auf der Erde.

Variation 1: Die Kinder suchen sich jeweils ein Haus aus und sind dann für die Dauer der Spielrunde entweder Vögel, Bienen, Hunde, Katzen oder Menschen. Die Geschichte wird noch einmal erzählt, und die Kinder spielen diesmal nur ihre Rolle entsprechend dem Text.
Variation 2: Für die Tiere können auch Instrumente eingesetzt werden.

Hexen laufen hin und her

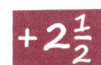

Material: pro Kind 1 Teppichfliese und 1 langer Holzlöffel (bzw. Stock), Zauberstab, Fliegenklatsche
Für die Variation: Rasseln

Verteilen Sie die Teppichfliesen im Raum. Bevor Sie die Geschichte von den Waldhexen erzählen, laden Sie die Kinder ein, die Bewegungen und Geräusche die im Text beschrieben sind wie kichern, kreuz und quer sausen usw. zunächst losgelöst von der Geschichte nachzuahmen. Danach verwandeln Sie die Kinder in kleine Hexen, die heute alle kichern und auf ihrem Besen durch den Wald fliegen können. Die Kinder suchen sich einen Platz auf den Teppichfliesen und hören zunächst der Geschichte zu. An den richtigen Stellen setzen sie dann die passenden Geräusche ein. Danach wird die Geschichte zusätzlich in Bewegung umgesetzt. Sie spielen den Wind und wedeln dabei mit der Fliegenklatsche.

Hexen wohnen in dem Wald,	
sie sind alle ganz, ganz alt.	
Sie schauen aus dem Haus	*Hand vor die Stirn halten.*
und fliegen dann mit viel Gebraus,	*Durch den Raum laufen.*
auf dem Besen laut (leis') daher,	*Laut (leise) kichern.*
ja, das mögen sie so sehr.	
Sie sausen hin und sausen her,	*Durch den Raum laufen.*
sie sausen kreuz und auch mal quer.	
Dann ruh'n sie aus und steh'n ganz still,	*Still stehen.*
weil jede eine Pause will.	
Doch kommt der Wind mit viel Gebraus,	*Durch den Raum laufen und*
pustet er sie schnell nach Haus.	*mit der Fliegenklatsche wedeln.*
	Auf die Teppichfliese gehen.

Variation 1: Statt „laut" und „leise" kann in Zeile 5 „langsam" oder „schnell" eingefügt werden. Die Kinder passen ihre Laufgeschwindigkeit entsprechend an.
Variation 2: Einige Kinder bekommen Geräuschinstrumente wie z. B. Rasseln und können das Sausen der Hexen und das Brausen des Windes darstellen.

Hund und Katze

Material: Triangel, ruhige Musik, pro Kind 1 Teppichfliese
Für die Variation: Orff-Instrumente

Die Kinder sitzen auf Teppichfliesen im Kreis. Sie stellen ihnen zwei Geräuschrätsel (Hund und Katze) vor. Danach werden die Kinder eingeladen, die Geräusche und Bewegungen einer Katze und eines Hundes nachzuahmen.
Erzählen Sie die folgende Geschichte. Die Kinder machen an der richtigen Stelle die Geräusche dazu. Danach werden die Kinder in zwei Gruppen aufgeteilt. Erzählen Sie die Geschichte erneut, und die Kinder gehen, ihrer Rolle entsprechend, durch den Raum. Sind alle wieder an ihrem Platz, ruhen sie sich für einen kurzen Augenblick mit ruhiger Musik aus. Die Triangel weckt die Kinder, und bei Bedarf wird das Spiel noch einmal gespielt.

Die Katze, ja die geht daher,	*Durch den Raum krabbeln.*
sie miaut und miaut, das mag sie sehr.	*Leise miauen.*
Sie geht langsam, ja und dann,	
fängt sie laut zu fauchen an.	*Laut fauchen.*
Der kleine Hund, er geht daher,	*Durch den Raum krabbeln.*
er bellt und bellt, das mag er sehr.	*Leise bellen.*
Er geht langsam, ja und dann,	
fängt er laut zu bellen an.	*Laut bellen.*
Hund und Katze gehn nach Haus,	
ruhen sich für heute aus.	
Sind ganz leise, ja und dann,	
fangen sie zu schlafen an.	*Sich hinlegen und schnarchen.*
Sie schlafen nun die ganze Nacht,	
bis die Sonne wieder lacht.	*Die Triangel spielen.*

Variation: Orff-Instrumente werden für die Tiere eingesetzt. Sie teilen die Kinder in zwei Tiergruppen ein, die dann nach Ihrer Anweisung schnell oder langsam durch den Raum krabbeln und dabei miauen oder bellen.

Katzenjammer

Material: Decke, Zauberstab, Katze als Kuscheltier, großes Tuch

Die Kinder sitzen auf der Decke und Sie stellen ihnen ein Geräuschrätsel (Katze). Nachdem die Kinder das Tier erraten haben, holen Sie das Tuch mit der darin versteckten Katze hervor. Nun wird die Katze betrachtet und durch Bewegungen und Geräusche nachgeahmt. Sie erzählen den Kindern, dass diese Katze mit einer anderen Katze in einem Holzschuppen wohnt und erzählen darauf die folgende Geschichte. Zuvor „verwandeln" Sie die Kinder noch mit dem Zauberstab in viele kleine Katzen. Beim Vorlesen machen Sie dann jeweils nach den Worten (**weiße/ schwarze**) **Katze** oder **Katzen** eine kleine Pause und die Kinder miauen wie eine Katze.

> In einem alten Holzschuppen leben zwei kleine **Katzen**, eine **schwarze Katze** und eine **schneeweiße Katze**. Die beiden **Katzen** mögen sich sehr und spielen den ganzen Tag miteinander. Ihr Lieblingsspiel ist Mäusefangen. Ganz leise schleichen die **weiße** und die **schwarze Katze** sich dann an ein Mauseloch und lauern. Sobald eine Maus ihre Nase herausstreckt, schnappen die **Katzen** zu und fressen sie auf. Das machen die **weiße** und die **schwarze Katze** so lange, bis sie satt sind. Dann suchen die **Katzen** sich in dem alten Schuppen ein stilles Plätzchen und schlafen. Nur hin und wieder, wenn eine **Katze** träumt, hört man noch ein ganz leises Murren und Schnurren.

> *Variation:* Die Kinder werden in zwei Gruppen (die weißen und die schwarzen Katzen) eingeteilt. Während der Text vorgelesen wird, miauen die Kinder ihrer Rolle entsprechend.

Das Huhn, das hört man gackern

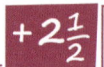

Material: viele leichte Stofftücher, Decke; pro Kind: 1 Sitzhocker, 1 kleines Kissen, 1 hart gekochtes Ei, 2 gleich große Steine oder 2 Teelöffel

Die Kinder sitzen im Kreis auf ihren Hockern und bilden mit ihren Händen eine Schale. Legen Sie jedem ein Ei hinein. Tauschen Sie sich gemeinsam mit den Kindern über das Hühnerei aus. Anschließend bauen die Kinder sich mit ein paar Tüchern in ihrem umgedrehten Hocker ein Nest, legen ihr Ei dort hinein, flattern mit den Armen wie ein Huhn und fliegen durch den Raum. Danach ruhen sie sich in ihrem Nest aus. Erklären Sie nun den Kindern den Begriff „gackern". Haben die Kinder das Gackern umgesetzt und verstanden, holen Sie die Steine (oder die Teelöffel) hervor und das Gackern wird durch das Zusammenschlagen der Steine/Löffel hörbar gemacht. Danach legen die Kinder diese mit in ihr Nest, setzen sich zu Ihnen auf die Decke und hören der folgenden Reimgeschichte zu. Danach wird die Geschichte von den Kindern in Bewegung und Geräusche umgesetzt. Dazu dürfen sie sich frei im Raum bewegen.

Das Huhn, das hört man gackern,	*Laut gackern.*
sieht seine Flügel flattern.	*Mit den Armen flattern.*
Es gackert und es legt ein Ei,	*Laut gackern.*
an manchen Tagen legt es zwei.	
Es gackert leise, ist dann still,	*Leise gackern.*
weil es endlich schlafen will.	*Sich hinlegen.*

Variation: Das Wort leise kann durch laut, schnell oder langsam ersetzt werden. Somit wird die Geschichte mehrmals wiederholt. Zum Abschluss dürfen die Kinder ihre Eier pellen und aufessen.

Komm und hör dir einmal an …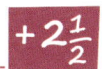

Material: Stofftiermaus, Sack, Bildkarten (Katze, Hund, Frosch, Biene, Maus, Bär), Tamburin, pro Kind 1 Teppichfliese oder 1 Hocker
Für die Variation: Orff-Instrumente oder Alltagsmaterialien

Die Kinder sitzen auf einer Teppichfliese oder einem Hocker. Sie greifen mit geheimnisvoller Miene in den Sack und machen dabei das Piepen der Maus nach. Dieses soll den Kindern helfen zu erraten, wer sich in dem Sack versteckt. Holen Sie langsam das Stofftier heraus und zeigen Sie es den Kindern, die anschließend die Bewegungen und Geräusche nachahmen. Dann folgt die Reimgeschichte von der Maus, die viele Freunde hat. Zeigen Sie zu den fett gedruckten Wörtern die dazugehörige Bildkarte. Die Kinder beteiligen sich, indem sie die Tiergeräusche mitmachen.

Komm und hör dir einmal an,
wie jedes Tier so sprechen kann.
Die **Katze**, die miaut und schnurrt, *Miauen und schnurren.*
der kleine **Hund**, der bellt und knurrt. *Bellen und knurren.*
Der **Frosch**, er quakt, die **Biene** summt, *Quaken und summen.*
die **Maus**, die piept, der **Bär**, der brummt. *Piepen und brummen.*

Nun bauen die Kinder sich mit den Teppichfliesen oder Hockern eine Landschaft. Die Kinder übernehmen nach und nach alle Tierrollen, bewegen sich entsprechend, während Sie die Reimgeschichte noch einmal erzählen, durch die Landschaft und machen das entsprechende Tiergeräusch nach. Hören die Kinder das Tamburin, sucht sich jedes einen Platz und setzt sich hin.
Variation: Die Tiergeräusche werden durch ein Orff-Instrument oder einen Alltaggegenstand dargestellt.

Jedes Tier auf dieser Welt

Material: grüne Decke, 1 großer Karton, Holz- oder Stofftiere Ihrer Wahl (z. B. Hund, Katze, Maus, Huhn, Schwein, Kuh, Bär, Vogel usw.)

Die Tiere liegen im Karton, die Decke ist ausgebreitet und die Kinder sitzen drum herum. Sie öffnen den Karton, holen ein Tier nach dem anderen heraus und die Kinder machen das Geräusch des Tieres nach. Sie sprechen den Vers, machen anschließend das Geräusch eines Tieres nach und die Kinder erraten es. Wird ein Tier richtig erraten, darf es auf die Decke (Wiese).

Jedes Tier auf dieser Welt,
spricht so, wie es ihm gefällt.
Hör gut zu und sag mir dann,
welches Tier so sprechen kann.

Variation 1: Der Reihe nach nimmt sich jedes Kind ein Tier und macht die Bewegung und das Geräusch seines Tieres nach. Alle Kinder ahmen anschließend die Bewegungen und das Geräusch nach.
Variation 2: Sobald Sie die Hand heben, machen alle Kinder das Geräusch ihres eigenen Tieres nach. Senken Sie die Hand wieder, sind alle Kinder ganz still.
Variation 3: Halten Sie ihre Hände nah voreinander, machen alle Kinder leise ihr Tiergeräusch. Sie halten die Hände weit auseinander, machen alle Kinder laut ihr Tiergeräusch.

Hinweis: Die Anzahl der zur Verfügung stehenden Tiere sollte höher sein, als die Anzahl der Kinder, die mitspielen. So wird ihnen bei der Auswahl der Tiere, die sie sich aussuchen sollen, ein Freiraum gegeben. Die Tiere können auch doppelt vorhanden sein.

Zwei Freunde

Material: Stofftierente und -hund, blaues und grünes Tuch
Für die Variation: Alltagsgegenstände oder Orff-Instrumente

In das grüne Tuch wickeln Sie den Hund und in das blaue Tuch die Ente. Langsam öffnen Sie das grüne Tuch und die Kinder machen das Geräusch des Hundes nach. Dann öffnen sie das blaue Tuch und die Kinder machen das Geräusch der Ente nach. Das blaue und das grüne Tuch werden ausgebreitet. Die Ente setzen Sie auf das blaue Tuch (Wasser) und den Hund auf das grüne Tuch (Wiese). Nun erzählen Sie die Geschichte und deuten immer auf das entsprechende Tier. Die Kinder machen das Geräusch nach.

> Auf einem Bauernhof lebt ein großer **Hund**. Er hat eine Freundin, die kleine **Ente**. Den ganzen Tag laufen der **Hund** und die **Ente** auf dem Hof herum und besuchen die anderen Tiere, die dort leben. Wenn die Sonne scheint, wandern der **Hund** und die **Ente** zu ihrem Lieblingsplatz, einem Teich, der in der Nähe ist.
> Die **Ente** schwimmt dort auf dem Wasser, während der **Hund** auf der Wiese liegt. Der **Hund** und die **Ente** bleiben dort so lange, bis es dunkel wird. Erst dann kehren der **Hund** und die **Ente** zurück auf den Bauernhof. Jeden Tag gehen der **Hund** und die **Ente** zu ihrem Lieblingsplatz, denn dort gefällt es ihnen am Besten.

Variation 1: Bei den Worten **Hund** oder **Ente** bewegen sich die Kinder entsprechend im Raum und machen die Geräusche der Tiere nach.
Variation 2: Sie nennen weitere Tiere, die auf dem Bauernhof leben, und die Kinder machen deren Geräusche und Bewegungen nach.
Variation 3: Die Geschichte kann gespielt und mit Orff-Instrumenten oder Alltagsgegenständen untermalt werden.

Finger-, Fuß- und Bewegungsspiele

KLATSCHEN, STAMPFEN UND TANZEN

Das Einsetzen von Bewegungen und das Mitspielen mit Händen und Füßen gehören zur Schulung der Körper-, Raum- und Krafterfahrung. Mit ihrer Hilfe trainiert das Kind seine Bewegungs- und Sprachgeschicklichkeit, seine Grob- und Feinmotorik und die Fähigkeit, Worte und Sätze darzustellen.

Meine Hände, meine Hände

Material *Für die Variation:* Tesakrepp, Fingerfarbe, Tapetenrolle, Schere, Waschzeug

Die Kinder stehen im Kreis, singen gemeinsam mit Ihnen das Lied, klatschen und bewegen sich dazu. In der Wiederholung können sie anstatt in die Hände zu klatschen auf ihre Oberschenkel patschen.

Melodie: Bruder Jakob

Meine Hände, meine Hände klatschen leise, klatschen leise,
klatschen ganz, ganz leise, klatschen ganz, ganz leise,
komm, mach mit, komm, mach mit.

Meine Hände, meine Hände klatschen laut, klatschen laut,
klatschen ganz, ganz laut, klatschen ganz, ganz laut,
komm, mach mit, komm, mach mit.

Meine Hände, meine Hände klatschen schnell, klatschen schnell,
klatschen ganz, ganz schnell, klatschen ganz, ganz schnell,
komm, mach mit, komm, mach mit.

Meine Hände, meine Hände klatschen langsam, klatschen langsam,
klatschen ganz, ganz langsam, klatschen ganz, ganz langsam,
komm, mach mit, komm, mach mit.

Variation 1: Die Kinder suchen sich einen neuen Patschort (z. B. der Boden, die Wand, der Stuhl, der Tisch oder das Fenster) so entstehen unterschiedliche Geräusche.
Variation 2: Die Hände werden durch Füße ersetzt. Die Kinder können nun auf unterschiedlichen Oberflächen stampfen oder gehen.
Variation 3: Auf Papier wird Fingerfarbe gekleckst. Die Kinder singen das Lied und klatschen, tippen, stampfen oder gehen dabei mit Händen oder nackten Füßen durch die Farbe.

Alle Finger sind schon da!

Die folgenden Finger- und Bewegungsspiele können je nach Alter des Kindes, zum Zuhören oder Mitmachen einladen. Durch das Zuschauen, die Wiederholung und das Erleben auf anderen Erfahrungsebenen lernen die Kinder schnell den Text und die Bewegungen und machen mit. Jeder Vierzeiler ist ein eigenständiges Angebot. Die Kinder können sie nach und nach alle kennenlernen – vielleicht findet jedes Kind seinen Lieblingvers.

Eine braune Katze,
streichelt ihre Tatze.   *Die Finger streicheln.*
Streichelt auch ihr Fell,   *Die Arme streicheln.*
läuft weg nun ganz, ganz schnell.   *Schnell durch den Raum krabbeln.*

Eine kleine graue Maus,
schleicht ganz langsam um das Haus.   *Langsam durch den Raum krabbeln.*
Sie läuft ein ganzes Stück,
läuft dann ganz schnell zurück.   *Zum Platz zurück krabbeln.*

Ein großer, grauer Elefant,
der trampelt durch das weite Land.   *Durch den Raum trampeln.*
Er trampelt nun nach Haus
und ruht sich lange aus.   *Zum Platz zurück trampeln.*

Pitsch und Patsch, die Regentropfen,   *In einem Seilkreis sitzen*
die heute ganz, ganz leise klopfen,   *und mit den Fingern*
locken mich hinaus   *auf den Boden tippen.*
aus dem warmen Haus.   *Aus dem Kreis heraus laufen.*

Das Auto Tütata   *Arme ausstrecken und Fäuste bilden.*
ist heute ganz schnell da.   *Durch den Raum laufen.*
Es hupt, bleibt stehn und fährt dann fort   *Laut hupen, stehen bleiben*
an einen wunderschönen Ort.   *und weiter laufen.*

Das Flugzeug fliegt ganz leise,   *Arme ausbreiten und*
macht eine weite Reise.   *durch den Raum laufen.*
Es fliegt und landet schnell,
grad hier auf dieser Stell'.   *In die Hocke gehen.*

Variation 1: Alle Finger- und Bewegungsspiele können auch als Massagspiele, z. B. auf dem Wickeltisch umgesetzt werden.

Variation 2: Sie können die Verse auch als Kniereiter spielen, dann sitzt das Kind auf Ihrem Schoß. Hierzu kann der Text auch mit einer Singsangmelodie untermalt werden.

> **Kniereiter, Klatsch-, Sing- und Sprechverse**
> Für die Unterstützung der musikalischen Früherziehung sind Kniereiter, Klatsch-, Sing- und Sprechverse von großer Bedeutung. Durch das Klatschen wird das Instrumentalspiel vorbereitet, denn spielerisch wird der Rhythmus verinnerlicht. Mithilfe der Kniereiter tritt der Erwachsene mit dem Kind in einen engen Kontakt, wodurch ein Gefühl der Geborgenheit und der Verbundenheit entsteht. Dieses wiederum macht Lust auf gemeinsames Summen, Sprechen und Singen. Kniereiter, Klatsch-, Sing- und Sprechverse verbessern die Kommunikations- und Konzentrationsfähigkeit des Kindes.

Die Finger wollen tippen

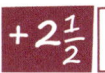

Die Finger beider Hände bewegen sich dem Text entsprechend. Am Ende des Fingerspiels werden die Finger zusammengezogen und zu einer Faust geballt oder einfach auf den Rücken gelegt.

Die Finger wollen tippen, schau her, sie fangen an.
Sie tippen erst ganz langsam, schau, wie das jeder kann.
Sie tippen auf die Nase, sie tippen auf den Bauch,
und auf die beiden Schultern tippen sie nun auch.
Sie tippen auf die Beine und auf den kleinen Fuß,
und auf die schmalen Lippen tippen sie zum Schluss.
Doch jetzt, da sind sie müde und ruhen sich nun aus,
sie wollen lange schlafen und kriechen in ihr Haus.

Der große und der kleine Bär

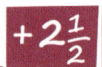

Material: 1 großer und 1 kleiner Stoffbär, 2 grüne leichte Tücher, Tamburin

Die Bären sind jeweils in ein grünes Tuch eingewickelt. Die Kinder befreien sie nacheinander aus dem Tuch und imitieren das Geräusch des großen (laut brummen) und des kleinen Bären (leise brummen). Die Tücher werden zusammen als Wiese in eine Raumecke gelegt. Die Kinder setzen sich auf diese imaginäre Wiese. Sie erzählen den Vers und zeigen den entsprechenden Bär. Mit einem Tamburin werden die Kinder nun in große Bären „verwandelt". Sie schlagen das Instrument, und die Kinder gehen schwer und brummend durch den Raum. Ist das Tamburin still, dann bleiben die Bären stehen. Hören sie das Tamburin, so gehen sie weiter. Das Spiel wird anschließend mit dem kleinen Bären durchgeführt.

Der große Bär will heut' spazieren gehn
und sich dabei im Wald umsehn.
Er brummt und brummt, läuft kreuz und quer,
langsam durch den Wald daher.

*Sich groß machen und
durch den Raum stampfen.*

Plötzlich bleibt er stocksteif stehn,
er hat den kleinen Bär gesehn.
Der brummt, kommt hinterm Baum hervor
und beide brummen sie im Chor.

Der kleine Bär will heut' spazieren gehn
und sich dabei im Wald umsehn.
Er brummt und brummt, läuft kreuz und quer,
langsam durch den Wald daher.

*Sich klein machen und
durch den Raum gehen.*

Gemeinsam brummen, das ist schön,
gemeinsam wollen sie nun gehn.
Gemeinsam schlafen sie dann ein,
gemeinsam machen sie sich klein.

*Als großer oder kleiner Bär
durch den Raum gehen.*

Sich hinlegen.

Florian und die Knisterkiste

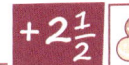

Material: grüne Decke, viel unterschiedliches Papier, großer Karton

Vorbereitung: Die grüne Decke wird in einer Raumecke ausgebreitet und der geschlossene Karton steht griffbereit.

Die Kinder versammeln sich auf der grünen Decke. Gemeinsam öffnen sie den Karton und fühlen hinein. Es wird gewühlt und geknistert. Nach dieser Experimentierphase setzen sie sich zurück auf ihre Plätze, und Sie erzählen die Geschichte.

> Florian liebt Papier. Jeden Tag sitzt er vor der Papierkiste und knistert mit dem Papier. Oh, in der Kiste knistert es wunderschön! Er findet Papier, das bunt glänzt und durchsichtig ist. Er findet große und kleine Stücke. Florian knistert mal laut und mal leise. Er knüllt es zusammen und zerreißt es, wirft es hoch und pustet es weg. Das Spiel macht Spaß. Bis zum Abend spielt Florian mit der Knisterkiste und morgen will er gleich wieder damit spielen.

Die Kinder können nun das Papier knüllen, zerreißen und wegpusten. Dann wird das Papier auf die große Decke gelegt. Alle Kinder greifen die Decke, heben sie auf und das Papier wird geschaukelt. Auf „drei" schlagen die Kinder das Tuch so fest, dass das Papier auf den Boden fällt. Die Kinder heben dieses auf und spielen erneut.

Variation: Die Kinder bekommen alle etwas Papier, nun knistern sie gemeinsam und singen folgendes Lied.

Melodie: Kuckuck, Kuckuck

Knistern, knistern, knistern ist schön.
Kommt lasst uns knistern, ganz laut nun knistern.
Knistern, knistern, knistern ist schön.

Knistern, knistern, knistern ist schön.
Kommt lasst uns knistern, ganz leis' nun knistern.
Knistern, knistern, knistern ist schön.

Ein Besuch beim Zauberer Musikus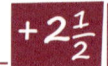

Material: grüne Decke, Glocke, Handpuppe (Zauberer), „Zaubertuch"

Die Decke liegt ausgebreitet in einer Ecke am Boden. Sie sitzen mit den Kindern im Stuhlkreis und holen die Handpuppe hervor, die in das „Zaubertuch" eingewickelt ist. Die Kinder öffnen das Tuch, und Sie stellen ihnen den Zauberer Musikus vor. Nun läuten Sie die Glocke und erzählen, dass sie dem Zauberer Musikus gehört und dass man mit ihr zaubern kann. Anschließend erzählen Sie die folgende Geschichte. Laden Sie danach die Kinder dazu ein mitzuspielen, während Sie die Geschichte ein zweites Mal erzählen (siehe Anweisungen in Klammern).

Der Zauberer Musikus will heute mit seinen Freunden, den kleinen Zauberern, das Zaubern üben. Mit seinem Glöckchen holt er jedes Zauberkind ab und sie gehen gemeinsam in den Zauberwald. *(Sie spielen den Zauberer, nehmen die Glocke, stellen sich vor jedes Kind und bewegen die Glocke. Jedes Kind kommt nacheinander mit.)* Der Weg in den Wald ist weit und deshalb laufen sie mal schnell *(schnell laufen)* und mal langsam *(langsam laufen)*. Sie bleiben stehen und ruhen sich ein wenig aus *(stehen bleiben)*. Doch dann laufen sie wieder mal schnell *(schnell laufen)* und mal langsam *(langsam laufen)*. Nun sind sie auf der Wiese angekommen *(stehen bleiben)*. Die Glocke verwandelt die Kinder in laute Bären, die durch den Wald gehen *(Glocke ertönt und die Kinder gehen laut wie Bären)*, in leise Vögel, die durch den Wald fliegen *(Glocke ertönt und die Kinder fliegen und piepsen leise)*, in laute Enten, die durch den Wald watscheln *(Glocke ertönt und die Kinder gehen in die Hocke und schnattern laut)*, in Schlangen, die durch den Wald kriechen und leise zischen *(Glocke ertönt und die Kinder kriechen über den Boden und zischen leise)*. Nun ist genug gezaubert worden und aus den Tieren werden wieder Menschenkinder *(Glocke ertönt und die Kinder gehen auf die Decke)*. Sie liegen auf der Wiese und ruhen sich aus *(sich hinlegen und schnarchen)*. Das Zauberglöckchen weckt sie auf. Langsam und leise gehen alle Kinder wieder nach Hause *(Kinder gehen langsam und leise auf ihren Platz)*.

Malen wollen meine Finger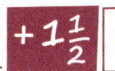

Der Text wird mit den beiden Zeigefingern gespielt. Am Ende des Fingerspiels werden die Hände hinter den Rücken gelegt.

Malen wollen meine Finger,
diese klitzekleinen Dinger.
Sie malen hin und malen her,
was sie malen, ist nicht schwer.
Sie malen rauf und wieder runter,
die Finger, ja, die sind sehr munter.
Sie malen rundherum
und fallen plötzlich um.
Sie ruhen sich nun aus
und laufen dann nach Haus.

Fingerspiele
Durch Fingerspiele erfahren Kinder, dass auch das gesprochene Wort einen Klang, einen Rhythmus, ein Tempo und eine Dynamik hat. Je melodischer der Sprachrhythmus ist, umso eingängiger ist der Text. Das Kind wird motiviert mitzumachen und beginnt auch mit Rhythmus und Dynamik zu sprechen.

Meine Hände können klatschen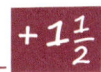

Der Text wird mit beiden Händen gespielt. Am Ende des Fingerspiels werden die Hände auf die Oberschenkel gelegt.

Meine Hände können klatschen,
meine Hände können patschen.
Meine Hände können klopfen,
und sich ineinander stopfen.
Meine Hände können ruhn
und dann auch mal gar nichts tun.

Zauberkugeln im Zaubergarten

Material: grüne Decke, Karton, viele Luftballons, mehrere Glöckchen, Zauberstab, *Für die Variationen:* Tesakrepp, großes leichtes Tuch, CD-Player, beschwingte Musik

Vorbereitung: In jeden Luftballon wird ein Glöckchen gelegt. Der Luftballon wird aufgeblasen und zugeknotet – fertig ist die Klangkugel!

Die Kinder sitzen auf der grünen Decke. In der Mitte steht der verschlossene Karton mit den gefüllten Luftballons. Die Kinder öffnen den Karton und holen sich einen klingenden Ballon. Damit können sie experimentieren. Danach werden alle Ballons in den Karton gelegt. Sie holen einen heraus und erzählen die folgende Geschichte:

> Es war einmal eine kleine bunte Kugel. Die lag mit vielen anderen bunten Kugeln in einem Karton. Sie gehörten dem Zauberer Musikus, und es waren Zauberkugeln. In der Nacht, wenn es ganz still im Zauberwald war und der Zauberwind hustete und prustete, hüpften die Kugeln aus dem Karton und sprangen vergnügt nach der Zauberwindmusik umher. Sie sprangen hoch und weit, drehten sich, hüpften auf der Stelle und blieben auch mal liegen. Und wieder sprangen sie hoch und weit, drehten sich, blieben mal liegen, hüpften auf der Stelle, und dabei hörte man ihr Klingen.
> Erst als die Musik zu Ende war, fielen die Kugeln langsam zur Erde und blieben dort ganz ruhig liegen. Der Zauberer Musikus sammelte sie alle wieder ein, legte sie in den Karton und brachte sie zurück ins Haus. Für diese Nacht war der Zauber vorbei.

Jedes Kind bekommt nun eine Zauberkugel. Die Kinder nehmen die Kugeln in den Arm oder in die Hand und hüpfen, springen oder gehen mit ihnen durch den Raum. Mit Tesakrepp kleben Sie Wege auf den Boden und die Kinder hüpfen und laufen mit ihren Kugeln in der Hand über die Wege. Anschließend können die Kinder nach beschwingter Musik mit den Kugeln tanzen. Hört die Musik auf, bleiben sie stehen, spielt sie wieder, so laufen die Kinder weiter.
Variation 1: Die Kinder legen ihre Kugeln auf den Boden, bewegen sich durch den Raum und Sie singen dabei das folgende Lied.

Melodie: Alle meine Entchen

Viele kleine Kugeln rollen hin und her, rollen hin und her.
Rollen immer wieder, das ist gar nicht schwer.

Viele kleine Kugeln rollen immerzu, rollen immerzu.
Rollen nur noch langsam, kommen nun zur Ruh.

Variation 2: Alle Zauberkugeln liegen auf einem Tuch. Es wird von den Kindern gehalten und leicht geschaukelt. Auf ein Kommando werfen sie die Kugeln mit Schwung in die Luft. Die Kinder sammeln sie wieder ein und spielen erneut.

Die Hände woll´n spazieren gehen

Die Kinder bewegen ihre Finger dem Text entsprechend. Am Ende des Fingerspiels werden beide Hände hinter den Rücken gelegt.

Die Hände wolln spazieren gehn
und sich die schöne Welt ansehn.
Sie laufen jetzt ganz schnell,
sie stehen auf der Stell.
Sie laufen schnell nach Haus
und ruhen sich dort aus.

Morgen ist es in dem Zoo

Material: Klangstäbe, Teppichfliesen, 1 Stofftier-Bär, eingewickelt in ein leichtes grünes Tuch
Für die Variation: 5 Reifen

Die Kinder sitzen auf Teppichfliesen. Sie holen den eingewickelten Bären hervor und lassen die Kinder raten, was sich wohl in dem Tuch befindet. Gemeinsam lüften Sie das Geheimnis, und es entwickelt sich ein Gespräch über den Bären. Sie erzählen, dass dieser Bär mit vielen Freunden im Zoo wohnt. Mit viel Dynamik, einer interessanten Sprechstimme und einer erfundenen Singsangmelodie tragen Sie die folgende Versgeschichte vor:

1. Morgen ist es in dem Zoo, *(Rhythmisches Sprechen)*
   erwacht sind alle, auch der Floh.
   Der Bär, er reckt sich, gähnt und dann,
   fängt er froh zu stampfen an.

Refrain:
Stampfen, stampfen, das ist fein, *(Singsangmelodie)*
stampfen kann er schon allein.
Dreht sich schnell im Kreis herum,
plötzlich, bums, da fällt er um.

2. Morgen ist es in dem Zoo, *(Rhythmisches Sprechen)*
   erwacht sind alle, auch der Floh.
   Der Affe reckt sich, gähnt und dann,
   fängt er froh zu springen an.

Refrain: Springen, springen *(Singsangmelodie)*

3. Morgen ist es in dem Zoo, *(Rhythmisches Sprechen)*
   erwacht sind alle, auch der Floh.
   Der Löwe reckt sich, gähnt und dann,
   fängt er froh zu schleichen an.

Refrain: Schleichen, schleichen … *(Singsangmelodie)*

4. Morgen ist es in dem Zoo, *(Rhythmisches Sprechen)*
   erwacht sind alle, auch der Floh.
   Das Nilpferd reckt sich, gähnt und dann,
   fängt es froh zu schwimmen an.

Refrain: Schwimmen, schwimmen ... *(Singsangmelodie)*

5. Morgen ist es in dem Zoo, *(Rhythmisches Sprechen)*
   erwacht sind alle, auch der Floh.
   Der Adler reckt sich, gähnt und dann,
   fängt er froh zu fliegen an.

Refrain: Fliegen, fliegen ... *(Singsangmelodie)*

6. Nun endlich sind die Tiere wach, *(Rhythmisches Sprechen)*
   sie machen alle tüchtig Krach.
   Sie schreien, kreischen, ja und dann,
   fangen sie froh zu tanzen an.

Refrain:
Tanzen, tanzen, das ist fein,
tanzen können sie allein. *(Singsangmelodie)*
Drehen sich im Kreis herum,
plötzlich, bums, fallen sie um.

7. Und ist der schöne Tanz dann aus, *(Rhythmisches Sprechen)*
   dann gehen sie zurück ins Haus.
   Hungrig warten sie aufs Fressen,
   der Wärter hat sie nicht vergessen.

Nun erzählen Sie die Geschichte erneut, und die Kinder bewegen sich dem Text entsprechend.

Variation: Die Reifen werden, entsprechend der Strophen ausgelegt. Sie stellen die Käfige der Tiere dar. Die Kinder suchen sich einen Reifen aus und stellen sich hinein. Die Erzieherin spricht den Vers, stellt sich dabei vor einen Reifen und die Kinder spielen das Tier.

Hinweis: Die Anzahl der Strophen kann beliebig gekürzt werden.

Der erste Finger tanzt ganz schnell

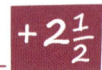

Die einzelnen Finger werden dem Text entsprechend bewegt. Am Ende des Fingerspiels werden beide Hände hinter den Rücken gelegt.

Der erste Finger tanzt ganz schnell, auf und ab auf einer Stell'.	*Daumen bewegen.*
Der zweite Finger fängt sodann, auch ganz schnell zu zappeln an.	*Zeigefinger bewegen.*
Der dritte Finger steht ganz still, weil er der Längste hier sein will.	*Mittelfinger bewegen.*
Der vierte Finger zappelt sehr, ihm fällt das Stillstehn ganz, ganz schwer.	*Ringfinger bewegen.*
Der fünfte Finger ist noch klein, er will bei seinen Freunden sein.	*Kleiner Finger bewegen.*
Alle Finger zappeln munter, immer wieder rauf und runter.	
Berühren dich (mich) und laufen fort, ganz schnell weg von diesem Ort.	

> **Finger- und Entspannungsspiel**
> Diese Fingerspiele eignen sich auch sehr gut als Entspannungsspiele. Der Erwachsene spielt den Inhalt des Fingerspieles auf dem Rücken des Kindes. Die Texte können auch Spuren hinterlassen. Ein Blatt mit Farbe oder Rasierschaum lädt dazu ein. Dadurch, dass die Fingerspiele laut und leise, schnell und langsam, mit einer hohen und tiefen Stimme gesprochen werden können, schulen sie die akustische Aufmerksamkeit, die eine wichtige Grundlage in der musikalischen Entwicklung des Kindes ist.

Meine Füße, die stampfen

Die Kinder stehen im Kreis und machen gemeinsam Ihnen die Bewegungen zum Text.

Melodie: Kommt ein Vogel geflogen

Meine Füße, die stampfen, ja, sie stampfen ganz schnell.
Ja, sie stampfen und stampfen heut' so gern auf der Stell'.

Meine Füße, die laufen, ja, sie laufen ganz schnell.
Ja, sie laufen und laufen heut' so gern auf der Stell'.

Meine Füße, die springen, ja, sie springen ganz schnell.
Ja, sie springen und springen heut' so gern auf der Stell'.

Meine Füße, die stehen, ja, sie stehn auf der Stell'.
Ja, sie stehen und stehen, laufen heut' nicht mehr schnell.

Variation: Dieses Spiel kann auch mit den Händen gemacht werden (klatschen, reiben, klopfen, liegen).

Zeigt her eure Hände

Die Kinder sitzen oder stehen im Kreis und bewegen sich gemeinsam mit Ihnen dem Text entsprechend.

Melodie: Zeigt her eure Füße

Zeigt her eure Hände und schaut euch mal an,
was man mit den Händen so alles machen kann.
Wir klatschen, wir klatschen, wir klatschen immerzu,
wir klatschen, wir klatschen und kommen jetzt zur Ruh.

Variationen: wir reiben ..., wir patschen ..., wir klopfen

Alle Kinder hier im Kreis

Die Kinder sitzen im Kreis und bewegen sich dem Text entsprechend. Em Ende werden die Hände auf die Oberschenkel gelegt.

Melodie: Alle Vögel sind schon da

Alle Kinder hier im Kreis, können ganz laut klatschen.
Klatschen alle, schaut mal her,
ja, das Klatschen ist nicht schwer.
Klatschen munter, sind dann still,
machen eine Pause.

Variationen:
- ... können ganz laut stampfen.   *Mit den Füßen stampfen.*
- ... können Hände reiben.   *Hände aneinander reiben.*
- ... können ganz hoch springen.   *Auf der Stelle springen.*

„Mach mit – sing mit!"

MITMACHLIEDER UND SING-SANG-GESCHICHTEN

Durch die nachfolgenden Lieder und kleinen musikalischen Geschichten machen Kinder wichtige Erfahrungen im auditiven Bereich. Viele dieser rhythmischen Verse können auch als Finger- und Bewegungsspiel ausgebaut und mit Orff-Instrumenten oder Alltagsmaterialien untermalt werden.

Saus, saus, saus, saus nun um das Haus

Material: große Blätter oder Tapetenrolle, Fingerfarbe, Malerkittel

Kleben Sie große Blätter auf den Boden oder die Tische und geben Sie beliebige Fingerfarbe auf das Blatt. Bewegen Sie und die Kinder nach Belieben die Hände in dieser Farbe. Dann singen Sie das Lied und ziehen, dem Text entsprechend die Handflächen über die Farbe. Die Kinder beobachten Sie dabei und machen mit. Wiederholen Sie diese Strophe, damit die Kinder die Bewegung und den Rhythmus verinnerlichen.

Melodie: Summ, summ, summ, Bienchen summ herum

Saus, saus, saus, saus nun um das Haus.
Saus, du lieber Sausewind,
sause heute ganz geschwind.
Saus, saus, saus, saus nun um das Haus.

Variation 1: Das Lied wird langsam und leise, schnell und laut gesprochen und die Kinder hinterlassen auf dem Papier ihre Spuren.
Variation 2: Das Lied wird in Bewegung umgesetzt und die Kinder bewegen sich frei durch den Raum.

Mit Musik und Farbe
Mit viel Freude an Melodie und Text hinterlassen Kinder Farbspuren auf dem Papier. Singen und Malen nach Musik unterstützen das rhythmische Gefühl, regulieren die Krafterfahrung, unterstützen die Zeit- und Raumerfahrung. Dazu braucht man nicht viel. Ein großes Blatt, streichfähige Farbe, Rasierschaum, leichte Lieder oder CD-Musik, inspirieren und erleichtern diese frühe musikalische Erfahrung.

Es regnet, es regnet

Material: große Blätter oder Tapetenrolle, Tesakrepp, blaue Fingerfarbe, Malerkittel, pro Kind 1 Pappteller

Kleben Sie große Blätter auf den Boden oder auf die Tische, geben Sie jedem Kind einen Pappteller mit blauer Farbe. Fangen Sie an, mit den Zeigefingern beider Hände zuerst in die Farbe und dann auf das Papier zu tippen. Dabei singen Sie folgendes Lied und tippen immer wieder in die Farbe und dann auf das Papier. Die Kinder werden motiviert, Ihnen die Bewegungen nachzumachen.

Melodie: Schneeflöckchen, Weißröckchen

Es regnet, es regnet, es regnet ganz sacht,
die Tropfen sind leise und niemand erwacht.

Es regnet, es regnet, ich werde ganz nass,
ich hüpfe und springe, ja das macht mir Spaß.

Es regnet, es regnet, es regnet nicht mehr,
die Sonne, sie wärmt mich, ich freue mich sehr.

Variation 1: Zaubertropfen werden auf dem Papier hinterlassen, indem andere Fingerfarben genommen werden.
Variation 2: Das Lied wird langsam und leise, schnell und laut gesungen und die Kinder machen auf dem Papier unterschiedliche Farbspuren.
Variation 3: Das Lied wird in Bewegung umgesetzt und die Kinder bewegen sich als Regentropfen durch den Raum.

Hinweis: Die Liedverse, gesungen oder gesprochen, eignen sich auch sehr gut für ein Massage-Spiel als Abschluss nach einem musikalischen Angebot. Die Kinder werden in Paare aufgeteilt. Ein Kind liegt auf dem Bauch und das andere Kind hüpft mit seinen Fingern über den Rücken des Kindes. Anschließend wird gewechselt.

Viele große Fische

Material: große Blätter oder Tapetenrolle, blaue und bunte Fingerfarbe, Malerkittel

Große Papierstücke werden auf den Tisch oder auf den Boden gelegt. Geben Sie überall einen Klecks blaue Farbe auf das Papier. Die Kinder machen darauf beliebige Spuren. Nun singen Sie das folgende Lied und machen ziehende Handbewegungen mit der Farbe auf dem Papier. Bei der letzten Verszeile nehmen Sie die Hände vom Blatt.

Melodie: Alle meine Entchen

Viele große Fische schwimmen in dem Meer,
schwimmen in dem Meer.
Schwimmen auf und nieder, mögen das so sehr.

Viele große Fische schwimmen in dem Meer,
schwimmen in dem Meer.
Schwimmen auf und nieder und mal kreuz und quer.

Viele große Fische schwimmen in dem Meer, schwimmen in dem Meer.
Schwimmen auf und nieder, man sieht sie nun nicht mehr.

Nun bekommen die Kinder bunte Farben und nun malen damit die Bewegungen der Fische auf das blaue „Wasser".
Variation: Das Lied wird in Bewegung umgesetzt und die Kinder bewegen sich als Fische durch den Raum.

> **Sprechmelodie und -rhythmus**
> Die Auseinandersetzung mit der Sprechmelodie und dem Sprechrhythmus gehört zu einem wichtigen Bereich in der musikalischen Erziehung mit Kindern. Verse, Reime aber auch kleine Körpergeschichten tragen dazu bei. Körperspielgeschichten vor dem Mittagsschlaf, vor dem Nachhausegehen oder einfach zwischendurch sind eine gute Möglichkeit diese Basiserfahrungen zu machen. Eine erfundene Singsangmelodie macht aus dem Vers ein musikalisches Erlebnis.

Miau, miau, mio

Material: Decke, kleiner Korb, weiches Abdecktuch, Stofftierkatze

In einem Korb liegt versteckt unter einem Tuch eine Kuscheltierkatze. Diese holt das Kind aus dem Korb. Nach einem kurzen Gespräch laden Sie das Kind ein, sich von der Katze streicheln zu lassen. Mit der Katze streicheln Sie nun das Kind, während Sie mit einer dynamisch-melodischen und beruhigenden Singsangmelodie den Vers singen. Das Kind liegt mit dem Bauch auf der Decke.

Miau, miau, mio,
die Katze freut sich so.
Sei nun ruhig und lieg (sitz / steh) ganz still,
weil dich die Katze streicheln will.
Miau, miau, mio,
die Katze freut sich so.

Miau, miau, mio,
die Katze freut sich so.
Sie streichelt hier und streichelt dort,
ganz leise schleicht die Katze fort.
Miau, miau, mio,
jetzt bist du ganz, ganz froh.

Variation 1: Der Vers wird leise und langsam, laut und schnell mit bewusst spürbaren Pausen gesprochen.
Variation 2: Sie benutzen für diese Streichelgeschichte nun Ihre Hand.

Fühl-mal-Verse: Pinsel, Watte, Feder

Material: mehrere Kosmetik- oder Rasierpinsel
Für die Variationen: Tesakrepp, Tapetenrolle, Schere, Fingerfarbe, Waschzeug, klassische Musik, CD-Player, Wattebällchen, bunte Bastelfeder

Führen Sie mit einer variantenreichen Sprachdynamik oder mit einer erfundenen Melodie den Pinsel dem Text entsprechend über den Rücken des Kindes. Der Vers kann mehrmals wiederholt werden.

Ein **Pinsel**, der dreht seine Runde,
er marschiert schon eine Stunde,
bleibt jetzt auch mal ganz ruhig stehn,
will nun schnell nach Hause gehn.

Variation 1: Mithilfe von Fingerfarbe und Papier werden mit dem Rasierpinsel zu dem Text Spuren auf das Papier gemacht. Klassische Musik begleitet die Kinder im Hintergrund.
Variation 2: Der Text wird in der Kombination langsam-leise und schnell-laut gesprochen und der Pinsel wird entsprechend bewegt. Sie spielen mit, damit die Kinder eine visuelle Hilfestellung bekommen.
Variation 3: Mit den Wattebällchen wird folgender Vers auf dem Körper oder Rücken des Kindes spürbar. Auch er wird mehrmals wiederholt.

Wattewolken weich und klein
tanzen heut' fast von allein
auf deinem Rücken munter,
schwupp, springen sie herunter.

Variation 4: Mit einer oder mehreren Bastelfedern wird folgender Text auf dem Körper oder Rücken des Kindes spürbar. Wiederholen Sie ihn, so oft die Kinder es mögen.

Eine kleine **Feder**, spür' die ist nicht schwer, diese kleine Feder tanzt jetzt hin und her.	*Feder auf den Rücken legen. Mit der Feder auf dem Körper tanzen.*
Streichelt deine Beine, streichelt deinen Bauch, streichelt deine Arme, deine Hände auch.	*Beine und Bauch streicheln. Arme und Hände streicheln.*
Die Feder ist nun müde, ruht sich bei dir aus, streichelt dich noch einmal und das Spiel ist aus.	*Feder auf den Rücken legen.*

Hinweis: Um die Pinsel- und Federbewegungen auf der Haut zu spüren ist es wichtig, dass das Kind nur wenig bekleidet ist. Es ist daher ein geeigneter Schlafbegleiter oder zur Sommerzeit einsetzbar.

Ein Riese poltert übers Feld

Material *für die Variation:* Tamburin

Der Riese wird durch die geballte Faust und der Zwerg durch eine Fingerspitze dargestellt. Entsprechend dem Text bewegt sich der Finger bzw. die Hand auf dem Körper oder Rücken des Kindes.

Ein Riese poltert übers Feld,
er poltert, weil es ihm gefällt.
Er poltert und er weckt den Zwerg,
der kommt müd' aus seinem Berg.
Er sieht den Riesen und läuft schnell,
so weit er kann, von dieser Stell'.
Der Riese poltert weiter fort
und verlässt nun diesen Ort.

Variation 1: Der Vers wird auf dem Tisch oder auf dem Boden gespielt.
Variation 2: Der Vers wird zu einem Bewegungsspiel. Schlagen Sie auf das Tamburin, machen die Kinder sich groß und poltern durch den Raum. Schlagen Sie auf die Tamburinkante, machen sich die Kinder klein und trippeln wie ein Zwerg.

Viele bunte Fische

Material: 2 kleine Plastikfische, ein großes Schraubglas mit Wasser (alternativ ein Gefrierbeutel mit einem Gummiring)
Für die Variationen: Plastikschüssel, Wasser, Tesakrepp, Tapetenrolle, Schere, Fingerfarbe, Waschzeug, klassische Musik, CD-Player

Vorbereitung: Die beiden Fische werden in das Glas mit Wasser oder in den Beutel mit Wasser gegeben und fest verschlossen.

Das Kind darf das „Aquarium" zunächst in aller Ruhe betrachten und bewegen. Während dieser Phase sprechen Sie den Vers. Sprechmelodie, Sprechrhythmus, Stimmlage und Pausen machen diese Reimgeschichte zu einem musikalischen Erlebnis. Danach wiederholen Sie den Vers und streicheln dem Kind dabei - den Bewegungen im Text entsprechend - über den Rücken.

Viele bunte Fische *schwimmen in dem Meer*,
schwimmen eng zusammen, mögen sich so sehr.
Schwimmen auseinander, *schwimmen hin und her*,
schwimmen eng zusammen und auch kreuz und quer.
Viele bunte Fische *schwimmen nun nach Haus*,
suchen sich zum Schlafen eine Muschel aus.

Variation 1: In eine Plastikschüssel wird Wasser gefüllt. Die Hände sind die Fische und sie machen eine Wassermelodie. Sie patschen in das Wasser und sprechen gemeinsam mit den Kindern den Vers.
Variation 2: Diese Versgeschichte wird nach der Melodie von *Alle meine Entchen* gesungen und getanzt. Der kursiv geschriebene Text wird dann zweimal gesungen.
Variation 3. Mit Hilfe von Fingerfarbe, klassischer Musik und Papier werden zu dem Text Spuren auf dem Papier hinterlassen.

Warme kleine Bälle

Material: 2 Luftballons, warmes Wasser
Für die Variationen: Tesakrepp, Tapetenrolle, Fingerfarbe, Schere, Waschzeug, klassische Musik, CD-Player, trockener Schwamm

Vorbereitung: Füllen Sie zwei Luftballons mit warmem Wasser und knoten Sie diese fest zu.

Führen Sie mit variabler Sprechdynamik oder einer erfundenen Melodie die Luftballons, dem Text entsprechend, über den Körper oder Rücken des Kindes. Der Vers kann mehrmals wiederholt werden.

Die warmen kleinen Bälle,
hüpfen auf der Stelle.
Sie hüpfen hier und hüpfen dort
und plötzlich sind sie fort.

Variation 1: Sie lassen die Bälle zu klassischer Musik „tanzen" – wieder über den Körper des Kindes, aber auch über den Tisch, am Boden oder an der Wand.
Variation 2: Stellen Sie dem Kind oder einer Kleingruppe solche Luftballon-Bälle, Tapetenpapier und Fingerfarbe zur Verfügung. Nun können die Kinder die Bälle abwechselnd in Farbe und auf dem Papier hüpfen lassen. Auch hierzu können Sie klassische Musik abspielen.

Sing-Sang-Geschichte: Ganz traurig geht der Elefant

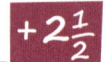

Material: Stofftier-Elefant, eine große Mülltüte, Schere, Sand, Abdecktuch, für jedes Kind eine Matte und ein Putzeimer
Für die Variation 2: Für jedes Kind 1 Handtrommel

Vorbereitung: Die Mülltüte aufschneiden und großflächig auf den Boden legen, den Sand darauf verteilen. Der Elefant steht, mit einem Tuch zugedeckt, griffbereit. Die Putzeimer stehen ebenfalls griffbereit. Die Matten werden um die gestaltete Mitte gelegt.
Laden Sie die Kinder dazu ein, gemeinsam mit Ihnen die Sand-Landschaft mit den Händen zu erforschen.

Danach stellen Sie den Kindern den Elefanten vor und lassen ihn durch den Sand "wandern", während Sie den Text rhythmisch sprechen und singen. Beim gesprochenen Text können die Kinder dazu im Rhythmus mit den Händen auf ihre Oberschenkel patschen. Beim gesungenen Vers (erfinden Sie hier eine einfache Sing-Sang-Melodie) pendeln alle mit einem Arm. Dadurch, dass Sie die Bewegungen mitmachen, geben Sie den Kindern eine motivierende Unterstützung. Die fett gedruckten Worte werden jeweils besonders betont.

rhythmisch gesprochen:
Ganz **traurig** geht der Elefant
alleine durch das Wüstenland.
Sein Rüssel, ja der ist **ganz** schwer
und pendelt immer **hin** und **her**.

gesungen:
Hin und her, hin und her,
der Rüssel pendelt hin und her.
Hin und her, hin und her,
der Rüssel, ja der ist ganz schwer.

rhythmisch gesprochen:
Ganz **traurig** geht der Elefant
alleine durch das Wüstenland.
Trifft **viele** Freunde auch, wie **schön!**
Sie **alle** wollen **mit** ihm geh'n.

gesungen:
Hin und her, hin und her, ...

rhythmisch gesprochen:
Ganz **fröhlich** geht der Elefant
mit vielen Freunden durch das Land.
Ihre Rüssel sind **ganz** schwer,
pendeln immer **hin** und **her**.

gesungen:
Hin und her, hin und her, ...

rhythmisch gesprochen:
Am Abend ruhen sie sich aus,
ein jeder geht zurück nach Haus.
Törö ruft jeder Elefant,
dann ist es **leise** in dem Land.

Variation 1: Der Sing- und Sprechvers wird als Bewegungsspiel im Raum umgesetzt. Zunächst übernehmen Sie die Rolle des traurigen Elefanten und die Kinder spielen die Freunde. Gemeinsam sprechen und singen alle dazu den Text. Am Schluss kehren alle wieder auf ihre Matte zurück. Wird das Spiel wiederholt, kann auch ein Kind die Rolle des traurigen Elefanten übernehmen.

Variation 2: Alle sitzen im Kreis, und jedes Kind bekommt eine Trommel. Zum Sprechtext wird getrommelt, zum Sprechgesang wird wieder ein Arm geschwungen.

Sing-Sang-Geschichte: Die kleine Biene Sumsebrumm

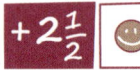

Material: für jedes Kind ein Sitzmatte und ein kleines, buntes Tuch

Vorbereitung: Die Kinder sitzen auf den Matten im Kreis. Jedes hat ein buntes Tuch vor sich liegen. Sie eröffnen die Runde mit einer Scharade (pantomimisches Rätsel).
Dazu legen Sie eine Hand auf den Rücken. Dann holen Sie sie hervor, zeigen den Zeigefinger, summen, „fliegen" mit dem Finger durch die Luft, setzen den Finger auf die Nase, machen eine kurze stille Pause, summen, und „fliegen" wieder herum. Nun setzen Sie den Finger auf den Arm, machen eine kurze stille Pause, „fliegen" und summen weiter, setzen den Finger auf die Hand, machen eine Pause, „fliegen" und summen weiter und dann verschwindet die Hand hinter dem Rücken.

Wenn die Kinder erraten haben, dass der Flug einer Biene dargestellt wurde, beginnen Sie den Text rhythmisch zu sprechen und zu singen und mit Bewegungen zu begleiten. Den gesungenen Refrain können die Kinder schon mitspielen und singen. Die Worte **Sumsebrumm** und **summ(t)** werden immer besonders stark betont bzw. vertont.

rhythmisch gesprochen:
Die kleine Biene **Sumsebrumm,**
die fliegt ganz munter heut herum.
Sie ruht sich auf der Nase aus   *Finger auf die Nase legen.*
und fliegt dann wieder weit hinaus.   *Der Finger „fliegt" weiter.*

gesungen (Melodie: ABC, die Katze lief im Schnee):
Summ, summ, summ, die Biene fliegt herum.
Sie **summt** und fliegt von Ort zu Ort,
doch jetzt, da ist die Biene fort.
Summ, summ, summ, sie fliegt nicht mehr
herum.   *Hand hinter den Rücken nehmen.*

rhythmisch gesprochen:

Die kleine Biene **Sumsebrumm**,   *Hand hervorholen und zum Text*
die fliegt ganz munter heut herum.   *bewegen.*
Sie ruht sich auf dem Arm nun aus und fliegt   *Finger auf den Arm legen.*
dann wieder weit hinaus.   *Der Finger „fliegt" weiter.*

gesungen:

Summ, summ, summ, ...

rhythmisch gesprochen:

Die kleine Biene **Sumsebrumm**,   *Hand hervorholen und zum Text*
die fliegt ganz munter heut herum.   *bewegen.*
Sie ruht sich auf der Hand nun aus   *Finger auf die Hand legen.*
und fliegt dann wieder weit hinaus.   *Der Finger „fliegt" weiter.*

gesungen:

Summ, summ, summ, ...

rhythmisch gesprochen:

Die kleine Biene **Sumsebrumm**,   *Hand hervorholen und zum Text*
die fliegt ganz munter heut herum.   *bewegen.*
Sie ruht sich auf ... ... nun aus   *Ein Kind bestimmt einen Körperteil – alle machen mit.*
und fliegt dann wieder weit hinaus.   *Der Finger „fliegt" weiter.*

gesungen:

Summ, summ, summ, ...

rhythmisch gesprochen (Schlussvers):

Die kleine Biene **Sumsebrumm**,   *Hand hervorholen und zum Text*
die fliegt ganz munter heut herum.   *bewegen.*
Sie ruht sich auf der Blüte aus   *Finger auf das bunte Tuch legen.*
und fliegt müde dann nach Haus.   *Hand hinter den Rücken nehmen.*

Variation: Aus der „Sing-Sang-Geschichte" wird ein Darstellungsspiel: Die Kinder sind die Bienen und bewegen sich dem Text entsprechend durch den Raum. Die Orte, auf denen sie sich ausruhen, sind nun Stuhl, Boden, Teppich oder Bank. Zum Schluss setzen sie sich auf die „Blüte" (buntes Tuch) bei ihrer Sitzmatte.

Sing-Sang-Geschichte: Der Zaubermannn

Material: Zauberstab, Zauberumhang

Hinweis: Sie spielen die Rolle des Zauberers, sprechen und singen die Strophen und bewegen dazu den Zauberstab. Die Kinder bewegen sich zum gesungen Refrain wie das Tier, in das Sie sie „verwandelt" haben.

rhythmisch gesprochen:
Mein Zauberstab, mein Zauberstab
bewegt sich langsam auf und ab.
Und Hokus Pokus, eins, zwei, drei:
Ihr dicken **Bären**, kommt herbei!

Refrain, gesungen:

Text: Ingrid Biermann, Melodie: Jörg Schnieder

Refr. Di-del-dum, di-del-dum, ich bin der Zau-ber-mann, di-del-dum, di-del-dum, ich zeig euch, was ich kann. Di-del-dum, di-del-dum, der Zau-ber ist nun aus, di-del-dum, di-del-dum, und je-der geht nach Haus.

Hinweis: Die Kinder bewegen sich zum Refrain durch den Raum und kehren nach „... und jeder geht nach Haus" wieder auf ihre Plätze zurück.

rhythmisch gesprochen:
Mein Zauberstab, mein Zauberstab
bewegt sich langsam auf und ab.
Und Hokus Pokus, eins, zwei, drei:
Ihr **Elefanten**, kommt herbei!

Refrain, gesungen:
Dideldum, dideldum, ...

rhythmisch gesprochen:
Mein Zauberstab, mein Zauberstab
bewegt sich langsam auf und ab.
Und Hokus Pokus, eins, zwei, drei:
Ihr **Schmetterlinge**, kommt herbei!

Refrain, gesungen:
Dideldum, dideldum, ...

Variation: Die Kinder erfinden neue Strophen mit anderen Tieren.

Sing-Sang-Geschichte: Weißt du, wie die Vögel fliegen

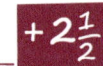

Material: Stoffkatze in ein grünes Tuch gewickelt, pro Kind 1 Sitzmatte

Die Kinder sitzen im Kreis auf ihren Matten. Sie zeigen ihnen das grüne Tuch, das langsam von den Kindern geöffnet wird. Nachdem sie die Katze entdeckt haben, imitieren die Kinder ihre Geräusche und Bewegungen. Das grüne Tuch wird in die Mitte gelegt, darauf wird die Katze gesetzt. Sie erzählen den Kindern, dass sie viele Freunde hat, die mit ihr auf der Wiese leben. Es sind Vögel, Frösche und auch Kinder, die immer auf die Wiese kommen. Nun sprechen und singen Sie den Text. Beim Refrain singen die Kinder mit und machen passende Tier-Bewegungen dazu.

rhythmisch gesprochen:
Weißt du, wie die Vögel fliegen,
wie sie in den Nestern liegen?
Zeig es mir und mach mir vor,
wie sie zwitschern, laut im Chor.

Refrain, gesungen (Melodie: „Alle meine Entchen"):
Piep, piep, piep, piep, piep-piep, ...   *Die Kinder singen mit und bewegen sich dazu.*

rhythmisch gesprochen:
Weißt du, wie die Frösche springen,
wie sie quaken, wie sie singen?
Zeig es mir und mach mir vor,
wie sie quaken, laut im Chor.

Refrain, gesungen:
Quak, quak, quak, quak, quak-quak ...   *Die Kinder singen mit und bewegen sich dazu.*

rhythmisch gesprochen:
Weißt du, wie die Katzen schleichen
und sich ihre Pfoten streichen?
Zeig es mir und mach mir vor,
wie sie miauen, laut im Chor.

Refrain, gesungen:
Miau, miau, miau, miau, miau-miau, ...   *Die Kinder singen mit und bewegen sich dazu.*

rhythmisch gesprochen:
Weißt du, wie die Kinder träumen,
wie sie schlafen unter Bäumen?
Zeig es mir und mach mir vor,
wie sie summen leis im Chor.

Refrain, gesungen:
Mhmm, mhmm, ...   *Alle summen die Melodie und legen ihren Kopf auf die Hand.*

Variation: Die Kinder werden in kleine Tiergruppen aufgeteilt, die jeweils bei „ihrem" Refrain singen und ihre Bewegungen machen. Beim letzten Refrain machen alle mit.

Sing-Sang-Geschichte: Wir sind ganz muntre Zwerge

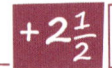

Sie singen und sprechen den Text und geben die Bewegungen vor, die Kinder machen mit. Beim Refrain halten alle ihre Hände auf dem Kopf zu einer Zipfelmütze aneinander und gehen durch den Raum. Zum übrigen Text werden die genannten Bewegungen ausgeführt.

Refrain, gesungen (Melodie: Häschen in der Grube):
Wir sind ganz muntre Zwerge,
schaut mal alle her,
schaut mal alle her.
Was wir Zwerge können,
ist gar nicht so schwer. (2x)

rhythmisch gesprochen:
Hände schütteln, hin und her,
Füße stampfen ist nicht schwer.
Rundherum geht's auf der Stell,
ja, wir drehen uns ganz schnell.

Refrain, gesungen: Wir sind ganz muntre Zwerge, ...

rhythmisch gesprochen:
Fuß nach vorn und auch zurück,
hüpfen wollen wir ein Stück.
Hocken uns und stehen auf,
auf und ab geht's mit Geschnauf.

Refrain, gesungen: Wir sind ganz muntre Zwerge, ...

rhythmisch gesprochen:
Komm und schau beim Hampeln zu,
hampeln, ja, das kannst auch du.
Hampel mit, und du wirst seh'n:
niemand bleibt heut stille steh'n.

Refrain, gesungen: Wir sind ganz muntre Zwerge, ...

rhythmisch gesprochen:
Wir sind müd' und geh'n nach Haus,
unser Spiel, das ist jetzt aus.
Hocken uns, sind klitzeklein,
summen leis' und schlafen ein.

Zum Schluss wird der Refrain einmal gesummt, während alle in der Hocke bleiben.

Musikalische Projekte

KLANGSTAB-, RASSEL- UND TROMMELSPASS

Die folgenden drei musikalischen Projekte eignen sich für besondere Anlässe und befassen sich unter Berücksichtigung der ganzheitlichen musikalischen Frühförderung mit unterschiedlichen Orff-Instrumenten. Sie können daran über mehrere Tage mit der gleichen Kindergruppe arbeiten.

> **Klangstabprojekt**
> In dieser musikalischen Einheit geht es darum, die Kinder mit dem Orff-Instrument „Klangstab" vertraut zu machen. Musikalische Basiselemente wie Raum-, Zeit- und Krafterfahrung, der Umgang mit dem Tempo, der Dynamik, der Einsatz von Klatschrhythmen, differenzierte Wahrnehmungsübungen, Kreativität und Bewegung sollen den Kindern die Vielfalt der Musik näher bringen.

Zauberstangen

Material: pro Kind 1 Rhythmikstab (alternativ: gekürzte Besenstiele, ca. 1 m lang)

Zeigen Sie den Kindern zwei Rhythmikstäbe und erklären Sie ihnen, dass dies ganz besondere Stöcke sind, die dem Zauberer Musikus gehören. Danach erzählen Sie folgende Geschichte.

> Im Garten von Zauberer Musikus stehen ganz viele Besenstiele an der Hauswand. Es sind Zauberstangen. Wenn Zauberer Musikus in seinen Garten geht und mit seiner Zaubertrommel sanft eine Melodie anschlägt, beginnen die Zauberstangen zu tanzen und selbst Musik zu machen. Diese klingt weit ins Land hinein und jeder, der sie hört, kommt zum Zauberer Musikus in den Garten, um den Klangstabtanz zu tanzen. Alle Besucher haben sehr viel Spaß. Erst wenn Zauberer Musikus seine Zaubertrommel wieder sanft anschlägt, hat der Zauber ein Ende. Aus den tanzenden Stäben werden wieder Besenstiele, die still an der Hauswand stehen und darauf warten, dass der Zauberer Musikus wieder die Zaubertrommel schlägt.

Jedes Kind bekommt einen Rhythmikstab oder einen gekürzten Besenstiel. Mit diesen „Zauberstäben" können die Kinder experimentieren und ihren eigenen Rhythmus erfinden, z. B. indem sie mit den Stäben leicht auf den Boden schlagen und dort Töne erzeugen.

Klopf, klopf, klopf ...

Material: *(für eine Gruppe von 6-10 Kindern)* 1 großer Karton, 4 Holzlöffel, 4 Esslöffel, 4 etwa gleich große, handliche Äste, 4 kurze Bambusstäbe, 4 Holzkleiderbügel, 10 Orff-Klangstäbe, pro Kind 1 Hocker

Die Kinder sitzen auf ihrem Hocker. Die Erzieherin geht mit dem Karton voller Klopf- und Klang-Werkzeuge herum, und jedes Kind darf sich zwei von ihnen auswählen. Sie können mit diesen zunächst einmal frei experimentieren und Musik machen. Danach werden sie zum folgenden Lied eingeladen. Zunächst wird der Refrain einige Male wiederholt und jedes Mal mit unterschiedlichen Klopfwerkzeugen begleitet. Bei der Strophe werden jeweils nur Klangstäbe eingesetzt. Die Kinder wechseln sich hierbei ab.

Text: Ingrid Biermann, Melodie: Jörg Schnieder

Variation 1: Dieses Lied kann auch als Sprechvers genommen und mit Klangstäben begleitet werden. Durch leises und lautes Sprechen bekommt das Lied eine variantenreiche Dynamik.

Variation 2: Die Kinder schlagen ihre Klangstäbe leise auf den Boden, den Stuhl oder den Tisch. So wird das Klopfen immer anders wahrgenommen.

Schau, meine Stäbe

Material: mehrere Plastikeimer in verschiedenen Größen (z. B. Müll-, Putz- oder Wassereimer), mehrere Holzlöffel oder Klangstäbe, großer Karton

Sie bringen einen großen Karton mit, in dem alle Eimer sind. Die Kinder können raten, was wohl in dem Karton ist. Danach wird er von den Kindern geöffnet, und die Eimer können nun beliebig genutzt werden. Schauen Sie, was die Kinder damit machen. Greifen Sie die Ideen auf, und verarbeiten Sie diese nach Möglichkeit mit rhythmischen Elementen. Nach dieser freien Arbeit geben Sie den Kindern die Klangstäbe und Holzlöffel. Wieder schauen Sie zu, was die Kinder damit machen. Langsam bringen Sie sich mit ein. Sie trommeln mit und singen folgendes Lied so oft, bis die Kinder in den Sing- und Schlagrhythmus des Liedes gefunden haben.

Melodie: Hänsel und Gretel

Schau, meine Stäbe, die trommeln immerzu,
schau, meine Stäbe, die haben keine Ruh'.
Sie trommeln und sie trommeln und ruhen sich mal aus,
doch dann wird getrommelt ganz schnell mit viel Gebraus.

Variation 1: Die Kinder können zwischendrin immer wieder die Eimertrommeln tauschen oder auf zwei Trommeln schlagen.

Variation 2: Die Ihnen bekannten Lieder, z. B. „Alle meine Entchen" „Häschen in der Grube", „Wie das Fähnchen" usw. werden gesungen und getrommelt. Dabei können sich laute und leise Trommelbegleitungen abwechseln.

Rasselprojekt
In dieser musikalischen Einheit geht es darum, die Kinder mit einem weiteren Orff-Instrument vertraut zu machen. Die Wachheit, Aufmerksamkeit und musikalische Neugier der Kinder befähigt sie, kleine musikalische Aufgaben anweisungsgerecht zu erledigen, musisch kreativ zu sein und aufeinander folgende Angebote miteinander zu verknüpfen. Daher ist eine musikalische Einheit wie diese etwas, was auch schon mit Krippenkindern durchgeführt werden kann. Die Kindergruppe sollte immer gleich bleiben, damit die Zielsetzungen erreicht werden können.

Die Rassel singt ein Lied

Material: pro Kind 1 Rassel

Das Lied wird gemeinsam gesungen und mit den Rasseln begleitet.

Melodie: Ein Schneider fing 'ne Maus

Die Rassel singt ein Lied.
Die Rassel singt ein Lied.
Die Rassel singt ein Rassellied, Ri- Ra- Rassellied.
Die Rassel singt ein Lied.

Ganz leis' ist dieses Lied.
Ganz leis' ist dieses Lied.
Ganz leis' ist dieses Rassellied, Ri- Ra- Rassellied.
Ganz leis' ist dieses Lied.

Variationen:
- Ganz laut ist dieses Lied …
- Ganz schnell ist dieses Lied …
- Ganz langsam ist das Lied …
- Das war ein schönes Lied …

Zauberer Musikus und die Windhexe

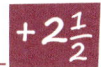

Material: Rasseln, Pappkarton, pro Kind 1 Hocker
Für die Variation: Instrumentalmusik, für jedes Kind 2 bunte Seiden- oder Chiffontücher

Die Kinder sitzen im Kreis. Der Karton vom Zauberer Musikus wird gemeinsam geöffnet, und jedes Kind nimmt sich eine Rassel. Nach einer Experimentierphase werden sie zurückgelegt. Sie nehmen eine Rassel und laden die Kinder zum Zuhören ein. Bei den fett gedruckten Worten bewegen Sie leicht die Rassel. Im Anschluss bekommen die Kinder eine Rassel und gemeinsam wird diese Klanggeschichte noch einmal erlebt.

> Im Märchenwald wohnt nicht nur der Zauberer Musikus, sondern auch seine Freundin, die **Windhexe**. Immer wenn Musikus auf seinem Zauberbesen eine ganz lange Reise machen will, dann ruft er die **Windhexe**. Mit Sausen und **Brausen** kommt dann, mit wehendem Mantel, die **Windhexe** angeflogen und dabei hört man ihr wunderschön klingendes **Windlied**. Zauberer Musikus sagt seiner Freundin, der **Windhexe**, wo er hin will, und sofort macht die **Windhexe** dann ganz viel **Wind**. In einem großen Bogen fliegt der Zauberer Musikus dann über sein Haus und die **Windhexe** bläst so lange, bis sie ihren Freund, den Zauberer Musikus, nicht mehr sieht. Die **Windhexe** wartet, bis Musikus von seiner Reise zurückkommt. Sie verabschieden sich und dann verschwindet die **Windhexe** im Märchenwald und es wird ganz still.

Variation: Lassen Sie eine beschwingte Instrumentalmusik laufen, nach der die Kinder in freier Gestaltung, mit Chiffontüchern in der Hand, einen Hexentanz erfinden können.

Zauberer Musikus, der Regenmacher

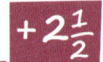

Material: leere und verschraubbare Plastikflaschen, Reis, Erbsen oder Bohnen, 3 Decken oder Badetücher, großer Karton, pro Kind 1 Hocker

Vorbereitung: Leere Plastikflaschen werden mit Reis, Erbsen oder Bohnen gefüllt, fest verschraubt und schon sind die Rasseln fertig.

Die Kinder sitzen im Kreis, und der Karton vom Zauberer Musikus wird geöffnet. Dieses Mal finden die Kinder andere Rasseln, mit denen sie experimentieren können. Nach dieser Phase legen sie ihre Rasseln wieder in den Karton. Sie nehmen eine Rassel und laden die Kinder ein, der Geschichte zuzuhören. Die Rasseln spielen Sie, wenn Sie ein fett gedrucktes Wort vorlesen.

Zauberer Musikus kann etwas ganz Besonderes. Er kann es **regnen** lassen. Bei allen Tieren wird er der **Regenmacher** genannt. Im Sommer, wenn es den Tieren zu heiß ist und die Bäume und Blumen Durst haben, dann holt er seine **Regenrassel**, bewegt sie, und schon beginnt er mit der Zauberei. Kaum hat er seine Rassel in Bewegung gesetzt, da **regnet** es auch schon. Erst ganz **wenig**, dann etwas mehr und dann immer **fester**. Die Tiere, Bäume und Blumen freuen sich. Wieder nimmt Musikus seine **Rassel**, bewegt sie, und schon hört der Regen auf.
So ist es im Sommer fast jeden Tag. Der Zauberer nimmt die **Rassel**, und die Zauberei geht los. Erst **regnet** es ganz **wenig**, dann etwas **mehr** und dann immer **fester**. Die Tiere, Bäume und Blumen freuen sich. Wieder nimmt Musikus seine **Rassel**, bewegt sie, und schon hört der Regen auf. Alle Tiere sind froh, dass sie einen **Regenmacher** haben und bedanken sich bei Musikus. Zum Dank bringen sie ihm jeden Herbst viele Tannenzapfen, mit denen Musikus im Winter in seinem Ofen Feuer machen kann.

Nun bekommt jedes Kind eine Rassel und die Geschichte wird erneut vorgelesen.

Der Musikkreis

Material: großer Karton, Trommel, 1 Paar Klangstäbe, pro Kind 1 Rassel
Für die Variation: mehrere Trommeln und Rasseln

Jedes Kind bekommt eine Rassel, und die Kinder dürfen damit ein kleines Konzert veranstalten. Anschließend lesen Sie die folgende Geschichte vor. Immer wenn Sie das Wort **Rassel/n** vorgelesen haben, machen Sie eine kurze Pause, und die Kinder spielen mit der Rassel dazu. Die Trommel und die Klangstäbe spielen Sie selbst.

> Es war einmal eine **Rassel**, die lag mit mehreren anderen **Rasseln**, einer **Trommel** und einem Paar **Klangstäbe** in einem Musikschrank. Jeden Morgen zum Musikkreis wurden die **Rasseln**, die **Trommel** und die **Klangstäbe** aus dem Schrank genommen und an die Kinder verteilt. Kaum hatten die Kinder die **Rasseln**, die **Trommel** und die **Klangstäbe** in der Hand, da wurde auch schon Musik gemacht. Die Kinder sangen schöne Lieder und machten dazu Musik. Die **Rasseln**, die **Trommel** und die **Klangstäbe** klangen so wunderschön, dass die Kinder vor Freude tanzten. Nach einiger Zeit war der Musikkreis beendet und die **Rasseln**, die **Trommel** und die **Klangstäbe** wurden wieder in den Musikschrank zurückgelegt. Dort mussten sie bis zum nächsten Morgen warten, denn dann wurde wieder, wie jeden Tag, Musik gemacht.

Variation: Die Kinder teilen sich in eine Trommel- und eine Rasselgruppe auf und spielen jeweils zu dem Wort **Trommel** oder **Rassel** auf ihrem Instrument. Sie spielen dazu die Klangstäbe.

Trommelprojekt

Auf Dosen, Stühlen, an Wänden, Türen und mit Topfdeckeln zu trommeln macht auch schon den Kleinen viel Freude. Wenn sie dabei noch gemeinsam singen und tanzen können, dann macht das Trommeln doppelt so viel Spaß. Jetzt zeigen sie, dass sie in der Lage sind, auf Anweisungen zu reagieren, rhythmisch zu schlagen, Pausen einzuhalten, ihre Kraft zu dosieren, schnell, langsam, laut und leise zu spielen und kleine Taktmelodien nachspielen zu können. Ihre Aufmerksamkeit, musikalische Neugier und Experimentierfreude werden geweckt und ihr geschultes Ohr kommt zum Einsatz. Sie können musikalische Aufgaben durchführen und folgende Angebote miteinander verknüpfen. Daher ist eine musikalische Einheit zum Thema Trommeln auch für die Kleinsten schon gut geeignet.

Die Trommel

Material: Karton, pro Kind 1 Handtrommel und 1 Hocker

Alle sitzen auf ihren Hockern im Kreis. In der Mitte steht der Karton mit den Handtrommeln. Jedes Kind nimmt eine Trommel und experimentiert. Nach einer Weile gehen alle mit der Trommel in der Hand um den eigenen Hocker herum. Sie sprechen dazu den Vers. Bei dem Wort **bumm** schlagen alle auf ihre Trommel. Die erste Strophe kann beliebig oft wiederholt werden.

Die Trommel, die Trommel, die Trommel geht herum
und dabei, und dabei macht sie ganz laut **bumm**.

Die Trommel, die Trommel, die Trommel macht leise **bumm**,
ihr Spiel ist nun zu Ende, jetzt kehrt sie leise um.

Variation 1: Die Kinder knien vor ihrem Hocker. Bei dem Wort **bumm** schlagen sie mit ihren Fäusten auf den Hocker.
Variation 2: Mit Tesakrepp werden Wege auf den Boden geklebt, auf denen die Kinder gehen. Bei dem Wort **bumm** springen sie einmal hoch.

Ich schlag meine Trommel

Material: pro Kind 1 Trommel

Sie spielen die Trommel und singen folgendes Lied, während sich die Kinder dem Text entsprechend bewegen.

Melodie: Zeigt her eure Füße

Ich schlag meine Trommel, und schau dir mal an,
wie ich zu der Trommel mich ganz schnell drehen kann.
Ich dreh mich, ich dreh mich, die Trommel schlägt dazu.
Ich dreh mich, ich dreh mich und komme nun zur Ruh.

Ich schlag meine Trommel, und schau dir mal an,
wie ich zu der Trommel so ganz schnell springen kann.
Ich springe, ich springe, die Trommel schlägt dazu.
Ich springe, ich springe und komme nun zur Ruh.

Ich schlag meine Trommel und schau dir mal an,
wie ich zu der Trommel so ganz schnell stampfen kann.
Ich stampfe, ich stampfe, die Trommel schlägt dazu.
Ich stampfe, ich stampfe und komme nun zur Ruh.

Variation: Die Kinder können in zwei Gruppen aufgeteilt werden. Eine Gruppe spielt die Trommel, die andere macht die Bewegungen.

Der Zauberer Musikus und seine Zaubertrommel

Material: afrikanische Trommel, viele Kissen und Decken im Kreis am Boden, Lampe, evtl. Teelichter in einem Einmachglas oder eine Lichterkette, Samttuch oder ein anderes ansprechendes Tuch, in welches die afrikanische Trommel eingewickelt wird

Für die Variation: pro Kind 1 Trommel

Die Kinder werden eingeladen, es sich auf dem Kissenkreis bequem zu machen. Sie holen die eingewickelte Trommel hervor, und lassen die Kinder raten, was wohl darin versteckt sein könnte. Dann öffnen die Kinder das Tuch, und Sie stellen ihnen den Inhalt als Zaubertrommel vor, die dem Zauberer Musikus gehört. Wenn der Mond rund und groß am Himmel ist, nimmt Musikus die Zaubertrommel, macht Zaubermusik und alle Waldtiere werden wach und tanzen nach der Zaubertrommelmusik. Sie laden die Kinder ein, der Geschichte zuzuhören. Bei den **fett** gedruckten Wörtern trommeln Sie.

Zauberer Musikus, der im Märchenwald wohnt, hat eine ganz besondere **Zaubertrommel**. Diese **Zaubertrommel** macht so schöne Musik, dass alle Tiere des Waldes wach werden und tanzen. Immer wenn der Mond rund und voll am Himmel steht, holt er die **Zaubertrommel** hervor, setzt sich auf einen Baumstumpf und beginnt zu **trommeln**. Wenn die Hasen die **Zaubertrommel** hören, werden sie wach und tanzen. Die Vögel hören die **Zaubertrommel** und tanzen mit den Hasen zur wunderschönen Melodie. Die Füchse werden auch wach und auch sie tanzen zur **Zaubertrommel**. Hasen, Füchse und Vögel alle tanzen zu der **Zaubertrommel**. Erst als es hell wird und der Mond verschwunden ist, spielt auch die **Zaubertrommel** nur noch ganz leise. Die Hasen, die Vögel, die Füchse und auch der Zauberer Musikus legen sich noch einmal schlafen und im Wald ist es wieder ganz still.

Nun bekommt jedes Kind bekommt eine Trommel und schlägt sie an, es bei der Wiederholung der Geschichte die Worte **Zaubertrommel** oder **trommeln** hört.